中国人的
心理误区

DO AS YOU WANT TO DO!

张彦平／著

北京出版集团公司

北京出版社

图书在版编目（CIP）数据

中国人的心理误区 / 张彦平著. — 2版. 北京 ：
北京出版社，2017.9

ISBN 978-7-200-13245-8

Ⅰ．①中… Ⅱ．①张… Ⅲ．①心理学—通俗读物
Ⅳ．①B84-49

中国版本图书馆CIP数据核字（2017）第217354号

中国人的心理误区
ZHONGGUOREN DE XINLI WUQU

张彦平 / 著

出版：北京出版集团公司
　　　北 京 出 版 社
地址：北京北三环中路6号
邮编：100120
网址：www.bph.com.cn
总发行：北京出版集团公司
经销：新华书店
印刷：北京时尚印佳彩色印刷有限公司
版次：2015年9月第1版　2017年9月第2版
印次：2017年9月第1次印刷
开本：700毫米×1000毫米　1/16
印张：12.75
字数：176千字
书号：ISBN 978-7-200-13245-8
定价：29.80元
如有印装质量问题，由本社负责调换
质量监督电话：010-58572393
责任编辑电话：010-58572281

序言

在心理咨询过程中，我会经常对来访者说：

"人生其实就两件事：一件是'喜欢'做的，一件是'应该'做的。

"一个人老是去做'喜欢'做的事，为所欲为，很可能会做出不负责任甚至违法乱纪的事，到那时就可能要警察给他'看病'了。

"而假如一个人老是做'应该'做的事，凡事竭尽全力，鞠躬尽瘁，一味地去尽责任、尽义务，就会活得很累、很角色化，那他迟早会去看心理医生的。

"但如果一个人所做的事，既是他'喜欢'做的，又是他'应该'做的，比如'男大当婚，女大当嫁'，那就'OK'了……不但活得不累，反而能提高生活与生命质量，更重要的是，他会在既'喜欢'又'应该'做的事情当中，快速而又健康地成长……"

写这本书，既是我"喜欢"做的事，又是我"应该"做的事。

我从事临床心理咨询与心理治疗工作已有29年了。这29年来，我一直在扮演"角色"，或者说，一直活在"角色"中：诊费昂贵的"首席心理治疗师"（每次收费1000元）；白手起家，历经风风雨雨，至今还在苦苦经营的心理医院"院长"；几所高校的"兼职教授"；诸多学术团体和社会团体的"重要人物"；专栏撰稿人；电台、电视台的"客座嘉宾"；

中国心理卫生协会全国理事；硕士研究生导师……

我经常扪心自问，流连于以上这种种"角色"，是我自己真正想要的生活吗？看病，接待咨询客人，受聘给本科生、研究生授课、做讲座，培训心理咨询师，辗转于各种学山会海之中以提高自己在同行中的"知名度"和"学术地位"……

我厌倦了，我变得越来越讨厌自己，为自己的"生活质量"感到悲哀，甚至常常为"找不到自我"而烦恼。归根到底，我终于明白，这一切，并不是我真正"喜欢"做的事。

在用胰岛素两年而血糖仍无法控制到正常范围并出现一些并发症后，我不得不再次住进了医院，与其说是寻求治疗，不如说是"逃避"。

我需要独处。30年前，在北京医科大学精神卫生研究所进修精神病学临床时，我曾一气呵成并发表了《独处——现代人的心理需要》。时至今日，它就像写给我自己的一样：

现在生活的节奏日益加快，人与人之间的接触与交往也日益频繁。我们不得不在有限的时间与空间中和形形色色的人打交道，不得不随时更迭与变换自己的角色；我们无时不在承受着各种价值观念的冲击和影响，而不得不随时调整自己的言行。每天都忙得焦头烂额，每个人都在抱怨："人在江湖，身不由己，我们简直变成了外部世界的奴隶！"

面对这种情形，我们很容易迷失掉自己，常常发自内心地产生一种"自己找不到自己"的感觉，自然而然地，我们在心理上就产生了"寻找自我，整合自我"的需要。

与"跟着感觉走"一样，独处是一种艺术的生活态度。

我们不妨给"独处"下个定义：所谓独处，就是有意识地避免外界干扰，"自己和自己在一起"，进行自我整合与建设性思考的过程。

独处的方法有很多：当你静坐斗室之时；当你漫步湖边之际；当你记日记的时候；当你把"失眠"变得有价值的时候；当你坐在列车上；当你

躺在沙滩上；甚至当你躲进厕所，愿意一个人多待一会儿的时候……

独处，可以不受空间的限制，如果你愿意的话，即使置身于熙熙攘攘的人流和闹市之中，你依然可以独处。

独处是一种状态，只要你有意识地自己面对自己，自己和自己对话，自己寻找自己，你总是在独处着。

独处是一种生活手段，亦是一种生活技巧……

在心理咨询过程中，我对来访者或咨询客人说得最多的一句话就是"多做你喜欢做的事！（Do as you want to do!）"可惜，正如我的恩师，我国临床心理学泰斗许又新教授所说："我们这些人，往往是说一套做一套。"真可谓一语道破天机！

此次住院，我终于有了再次"独处"的机会，我不禁问自己：你能不能做点儿"自己喜欢做的事"？可是问题来了，一个长期扮演着各种角色的人，一个总是戴着"面具"的人，一个总是不"跟着感觉走"的人，根本就"找不到感觉了"，甚至都"没感觉了"。我为此困惑，甚至有一种人生特别失败的感觉。我怀疑，是不是自己的抑郁症又复发了？因为自1995年以来已犯过三次了，这并不可怕，正如一个心血管科医生不一定不患心脏病一样，从事心理咨询的临床医生也不一定不罹患抑郁症，而且，其发病率可能比其他职业人群更高。美国人统计过，在所有医疗行业中，精神科医生和心理医生的自杀率是最高的。

既然"找不到感觉"，那就不勉强自己，起码身体是第一位的，把血糖控制好再说。听医生的，每天吃全麦面黑馒头，油水不能大（病友们称之为"和尚饭"），每天下午锻炼一两个小时，踏踏实实地遵守医嘱，争取做个"模范病人"。

突然有一天，一个病人家属打电话给我："张教授，听说您出过几本书，能不能卖给我们几本，让孩子们好好读读？"

我只能表示道歉。这些年的确出过几本书，但要么是高等学校教材，要么是学术专著，哪里像说话，差不多都是刻板、教条和道貌岸然的话，或像二道贩子东拼西凑的"功利硬件"，这些书是不适合他们读的。

这触动了我内心深处的神经。是啊，这么多年了，自己不是一直想写一本"真正属于自己的书"吗？29年的从业经验，29年的临床体会，29年来，我用自己的生命陪伴这些"病人"们一起成长，我有太多太多的话要说、要表达、要忠告，我何必如鲠在喉，我要直抒胸臆，不吐不快！这，不正是我"喜欢"做的事吗？！同时，这又是我"应该"做的事。

我经常对学生和下属讲："病人是我们最好的老师！"29年来，我把每一个来访者都当作一本书来读，只有你读懂了、读透了，才能给他们心理上以最大的帮助。从他们那里，我学到了很多很多，该是回报他们的时候了，因为还有千千万万的心理障碍患者正忍受着心理疾病的折磨，他们的家人也正为此左右为难，痛苦不堪。

就算我每周出诊三天，每次看两三个病人，算下来，在我的余生，又能为多少病人提供最真诚、最优质的服务呢！

"做一个医生容易，做一个好医生不容易。""医乃仁之术，无德不为医。"这是我常常挂在嘴边的话，它激励着我，也叮嘱着我身边每一位工作人员和学生。

做一名心理医生很累很累，和我以前当外科医生做手术大不相同。外科医生做手术只要按部就班地按照各种既有的术式，切开、止血、缝合、打结就可以了；而心理医生接待每一位来访者或病人，都极富"挑战性"与"创造性"，即使患者同是做婚姻咨询或同是患抑郁症，由于其个性特点、成长经历的不同，都必须被视为"独一无二"的个例，决不可按部就班、教条主义。因此，我做得很辛苦，每天下班的时候，我都疲惫不堪、有气无力。我不知道自己是不是在"修行"。

一个病人曾非常诚挚地对我说："张院长，我觉得你挺可怜的！"我愕然，问为什么，他说："你看，我们在住院，其实你也在住院，我们只不过在这里住几个月，而你，却要在这里住一辈子！……"

还有一个病人说得更精辟："说实话，我不知道是我们疯了，还是外面的世界疯了？！"

我得到了病人和家属太多的理解、尊重和信任，我把这些视为"心理营养"。如何才能不愧对这份理解、尊重和信任呢？我想应该把"我的忠告"写出来，是谓"应该做的事"。

所以，写这本书，既是我"喜欢做的事"，又是我"应该做的事"。何乐而不为呢？

谨以此书，献给当今中国亿万罹患心理疾病并正在痛苦中挣扎的患者和他们的家属；献给我的同道和学生；也献给正在成长着，同时又像我年轻时一样困惑着的青年朋友；献给正处在人生"最不幸福时刻"中的中年同龄人；也献给已驾鹤西去的父亲——一位老革命军人，一位真正的布尔什维克。

但愿此书能让读者体会到一个心理医生的真诚和坦率，并对每个人有所帮助。

对我而言，写这本书无疑也是一个成长的过程。

张彦平

2017 年 5 月 23 日

中国人的心理误区　　○ ▶ ▶ ▶

目录

○ ▶ ▶ ▶

■ Chapter one

第一章　江山易改，本性难移

——中国人的性格误区

　　"人的性格能改变吗？"这恐怕是每个心理医生都经常会被问到的问题，也是咨询者最为关心与关注的问题之一，尤其是青少年朋友。

　　为什么人们会对此如此热衷，我想可能是受了"性格决定命运""江山易改，本性难移"诸如此类命题的强烈暗示，因而形成了这样或那样的心理误区。

　　首先应当搞清楚的是，性格与人格不同，前者没有道德色彩。我们可以说这个人"性格不好"，这本身不含有道德色彩，只是说他性格有偏差或缺陷而已，而假如我们说一个人"人格有问题"，那我们就要对这个人的人品打个问号了，用现在时髦的话讲，起码是"不厚道"。

　　那么，究竟什么是性格呢？从心理学角度上讲，性格是一个人对自己、对他人、对事物、对现实环境所持的态度，以及与态度相适应的、习惯了的行为模式。这种态度与行为模式构成了他"相对稳定的心理特征"。当人们同时同地遇到同一种情况时，由于性格的不同，所采取的态度和行为也各不相同。比如说，当一群大学生看到他们的辅导员穿着一条漂亮的裙子时，有人会惊呼："哇，老师，您好漂亮哦！"有人则沉默不语，还有人甚至会做不屑状。我们于是会说：第一种人"外向"，第二种人"内向"，第三种人则有些"孤僻"了。

一般来说，一个人的性格是受遗传和后天环境两方面因素影响逐步发展和形成的。性格一旦形成（25~35 岁），就具有相对的稳定性。

正因为人与人性格不同，其态度与行为模式不同，才构成了我们人与人之间的千差万别，人生也因此而变得丰富多彩。

试想，假如世界上所有人的性格都像是照着一个模子刻出来的，那这个世界将是多么单调、无趣和乏味。

性格的分类

尽管国内外各种教科书上对性格的分类形形色色，我个人还是倾向于把中国人常见的性格类型归纳为以下 7 种：

1. 强迫型性格

这种性格的人，特点是凡事过分认真，过分追求完美；过于自我苛求并苛求他人；争强好胜又谨小慎微；爱好整洁，循规蹈矩；遇事刻板而缺乏灵活与变通；过分追求"安全感"与"确定感"而忽视效率；爱"钻牛角尖"而缺乏幽默感。

这种人活得很累，而自我苛求的人往往又喜欢苛求他人，因而也很容易让身边的人（如家人和同事）也跟着很累。因为这种人会自觉不自觉地强求自己，也强求和控制他人，如果强求与控制成功，他们就有成就感；而如果强求与控制不了或不成功，随之而来的则肯定是指责和抱怨。试想，谁愿意和一个整天爱指责、爱抱怨的人在一起呢，和这样的人在一起能不累吗？

不仅我们中国人，大凡东方民族均受教于儒家学说，凡事均执着于"礼"和"理"，道理和理性大于随意和感性；想事与做事的模式也是"应该""必须"或"不得不"，而很少是"我喜欢……""我想要……"或"我愿意……"。一言以蔽之，这种人一般都活得比较"压抑"。

如果家长对孩子从小就过分苛求、严厉，或经常指责、唠叨、抱怨，则很容易培养出具有强迫性格的孩子。即便将来孩子长大了，家长也不再苛求了，但此种苛求早已"内化"为孩子的自我苛求。最为可怕的是，这种塑造具有无意识的"遗传性"，会"遗传"给孩子的下一代。

具有强迫性格的人在外界心理、社会因素的作用下，很容易罹患强迫症，这在后面我会讨论到，而一个家庭，两代人或三代人均患强迫症在临床上并不少见。

2. 自闭型性格

这种性格的人，特点是内向、孤僻、沉默少语，内心敏感又不善表达，富于幻想又拙于行动，平素喜静而不愿交际，因而朋友少，知心朋友更是少之又少，甚至一个也没有。

这是一种危险的性格。说其危险，就个体而言，因其缺乏沟通能力，朋友少，生活质量不高，心理免疫力低，遇事又缺少心理支持，外界一个小小的生活事件或精神打击，就很容易导致精神分裂症；对他人和社会而言，因其孤僻且敏感，一旦遇到挫折或不如意，又很容易形成"投射作用"而对他人和社会构成危害，令人防不胜防。即便已构成危害他人和社会的事实，周围的人也常常会说："怎么会是他，这不可能！"近年来，清华大学生"伤熊"，云南马加爵杀害四名室友，甚至精神分裂症患者故意肇事，危害公共安全，如在幼儿园杀害、杀伤众多幼童，此类事件，当事人无一不属于此类性格。

这种性格的形成除部分与父母遗传因素有关外，绝大多数都与家庭教育中，父母过于粗暴和严厉，不鼓励孩子表达自己的感觉，或批评多表扬少，或父母感情不和经常争吵，导致孩子对外部世界缺乏安全感与信赖感有关。

3. 依赖型性格

这种性格的人，特点是依赖性强，缺乏自信；凡事喜欢依靠或讨好他人，以寻求对方的帮助；独立性与自理能力差，但服从与盲目服从性强；很少自己选择或做决定，即便是做了选择与决定，仍希望或依赖他人给予确定或肯定；小时靠父母，大了靠配偶，总之，常常表现为"长不大的人"。

我国多年来实行计划生育政策，由于绝大多数家庭都只有一个孩子，所以父母们往往对孩子过度保护，凡事喜欢包办代替，于是造就出了一大批具有依赖型性格的独生子女。及至两个都是独生子女的人成家后，他们双方也都渴望对方在婚姻中更多地付出，以维持原有的"依赖模式"，从而导致冲突不断。此类婚姻，常常以悲剧告终。

甚至有的男人，到了四五十岁，仍然脱离不了依赖本性，每次去医院看心理医生，还要七八十岁的老父亲陪伴。配合用什么药，自己也不敢做决定，而是乞求老父亲帮他做决定。这令医生哭笑不得，但他和他的父亲却都"习以为常"。

4. 偏执型性格

刚愎自用、固执己见、敏感多疑、主观臆断、自命不凡、心胸狭隘、怨天尤人、"常有理"是这种性格的主要特点。在这种人的心目中，很少有他欣赏的人或事，因而常常自以为是，爱挑毛病，工于妒忌，很少信任或肯定他人，只爱听好听的话，却听不进不同的观点和意见，同时报复心理又极强。

这种性格一般以中老年人多见，尤以男性为多，所谓"老顽固"是也。其个性形成多与其历经磨难、屡遭不公或事业、生活诸事不利有关。正所谓"恨"生"恨"，他们怀疑一切、草木皆兵、杯弓蛇影，常常"以小人之心，度君子之腹"，很难与周围人和睦相处。这种性格进一步发展和扭曲，很容易形成偏执狂或偏执型精神病。

5. 自恋型性格

自恋型性格又称戏剧性性格，其特点是过分自恋和自我中心，喜欢表现自己，爱出风头，行为举止夸张，爱慕虚荣，甚至不惜虚构事实，自我感觉良好，富于不切实际的浪漫与幻想，情绪不稳定，喜怒无常，应对挫折能力差，很少考虑他人的感受，处理问题总是过于天真、幼稚。近年来，在网络世界"兴风作浪"具有夸张和表演色彩的某些女性均属此类。

其实谁人不自爱，我们很难想象一个不自爱的人会去爱他人。但自爱过分了就成了自恋，持久而盲目的自恋就形成了自恋型性格。

有趣的是，与其他性格不同，自恋型性格的人大多有比较幸福的幼年与童年时光。也就是说，他（她）们从小并不缺乏爱，回顾往事多是一脸的幸福，甚至略带一丝炫耀，怀旧与对早前生活的留恋溢于言表，自然也流露出对现实生活的嗔怪与不满。当然，也有部分自恋性格的人，是基于幼时的不幸，过分沉湎于文学与影视作品之中，变得富于幻想，因而长大以后，形成了"既然没人爱我、怜我，我为什么不更加好好爱自己呢"的心态。

此性格多见于女性。

6. 冲动型性格

冲动型性格又称爆发型性格，特点是态度、语言、情绪、行为等均具有冲动性，可以因为一点小事而引起暴怒或歇斯底里发作，从而出现冲动性语言、伤人毁物等冲动性行为，因此极具破坏性，往往会造成不良后果。过后，他可能会后悔，但下次出现类似情境，他会再次发作。老百姓所说的"愣头青""浑不吝""二百五""犯浑"等那类人多具有这种性格。

导致这种性格，除部分有遗传因素外，其他生物学因素尚不确定。单纯从心理学角度上讲，冲动型性格可能与家庭过于粗暴的教育模式、孩子从小不自觉地模仿，以及过分自负和自我中心、其心理功能发展不如意而通过暴力和攻击过度补偿有关。

7. 悖德型性格

悖德型性格又称无情型性格或反社会型性格。具有此种性格的人心目中没有任何神圣的东西，对大家共同遵守的道德、法律嗤之以鼻，凡事以自我为中心，为所欲为；做事损人利己，甚至损人不利己的事也做；冷酷无情，缺乏羞耻感和发自内心的悔恨，极端自私自利，对他人、对家庭和社会都不负责任；遇到坎坷与挫折往往归因于外界，很少从自身找原因；生活也较随便，极易出现违法乱纪行为。

形成这种性格的原因多与家庭背景有关，父母对子女不公正，粗暴、简单的教育方式，以及父母本身感情不和，存在家庭暴力，使孩子的幼小心灵受到伤害，形成"暴力＝强者"这一不良认知，且在与同龄儿童的交往中屡试屡爽，于是逐渐强化，导致这种性格的形成。

此种性格的人在儿童期主要表现为逃学、打架斗殴、抽烟喝酒、撒谎、偷窃、离家出走等不良品行，在青少年期会进一步发展，表现为自控能力差、无责任感、违法乱纪，成年后多有好转迹象，甚至从事正当职业养家糊口，个别人还会对社会作出突出贡献，故有"浪子回头金不换"之说。

当然，上面介绍的这七种性格类型，都是典型的情况。现实生活中，我们每个人都只是其中某一方面或某几方面较为突出而已。这样分类的好处是希望读者朋友通过对以上典型性格类型的了解，加深对自我的分析与解剖，扬长避短，趋利避害，更好地成长，同时也可以帮助我们了解身边的人，做到知己知彼、取长补短，建设与经营良好的人际关系。良好的人际关系是一个人心理健康的基础，这一点我会在后面谈到。

在给学生讲课时，我经常把这七种性格类型比喻为"赤、橙、黄、绿、青、蓝、紫"这七种绚丽的光线。学过光学的人都知道，这七种颜色是阳光通过三棱镜后分解形成的，这七种颜色再次通过三棱镜又会合成为阳光的白色。

我会问学生："假如一个人，这七种性格的优点在他身上都很明显、很突出，他会是一个什么样的人？"

是"天才"。对，就是一个"天才"！

为什么这样说呢？大家试想一下：如果在一个人身上，这七种性格的优点都很突出，他既具备强迫型性格的认真与追求完美，又具备自闭型性格的独处和独立思考习惯，依赖型性格的合作、尊重他人原则，偏执型性格的果断与主见，自恋型性格对浪漫与理想生活的追求，还具备冲动型性格的不计后果、勇往直前，同时又有悖德型性格的敢于挑战权威和勇敢义气的作风，他不是一个天才吗？对于这样的人来说，还有什么事情是他办不到的？！世界会因他而更加美好，起码不是更糟。

反之，如果在一个人身上，突出的却是这七种性格的缺点，那他肯定是一个十恶不赦的恶棍，尤其是当这种人又掌握了相当的权力时，其后果就不堪设想了。

而假如在一个人身上这七种性格的特点都不明显、不突出呢？答案就简单了，那一定是个"痴呆"。

性格可以改变

还回到我们本章开头的问题："人的性格究竟可不可以改变？"恐怕大多数中国人对此都持否定态度。其实，所谓"三岁看大，七岁看老""江山易改，本性难移"，这就是我们中国人的心理误区了。

以我自己为例：我父亲原本是个农民，20 世纪 50 年代参军入伍，提干以后，他把大半辈子都献给了部队和国防事业。我母亲也是农民，同样是50 年代因棉纺厂招工才来到城市的，一个纺织女工通过自己的努力入党提干，成了管理几百人的车间支部书记。他们的共同之处在于，人都非常朴实、内向，不善言谈，也不善交际。

记得小时候，家里来了客人，他们都是诚惶诚恐。

"坐，喝水吧"，然后就没话了。

要不就是"来，抽支烟吧"，又没话了。

搞得客人很尴尬，他们也手足无措，相对无语。

很多老战友、老部下、同乡、同事，我也很少见他们主动联络，常常是人家"上赶着"来探望他们。由于经常出现上述场景，久而久之，人家也就不来了，因此，浪费了很多社会与人脉资源。我曾批评他们与外界"老死不相往来"，其实别人来他们也蛮高兴的。归根到底，我得出结论：性格使然。

而我的性格则和他们截然不同。

记得大学毕业后不久，我去父亲单位找他，和他同一个办公室的叔叔说："不会吧，老张，这是你儿子吗？你怎么会有这样的儿子，怎么一点儿也不像你。"

我心里话："我爸为什么不能有我这样的儿子，你生气吧你！"

但平心而论，那位叔叔说得不是没有道理。

论长相，我长得像我妈，自然比我父亲好看；论谈吐，毕竟刚大学毕业，风华正茂、意气风发、彬彬有礼而又出口不凡，不像我爸——"三棒子打不出个屁来"（我妈语）。

我的朋友很多，没有一个不说我"外向"的，就连我的同事、同行甚至部下、学生，也都评价我是个"性情中人"。性情者，自然是"喜怒哀乐均形于色"。形成这种性格的根本原因，我认为后天环境的作用要远远大于遗传的作用。

因为父亲在部队，母亲工作忙，我出生 10 个月就被送回河北灵寿老家，寄养在爷爷奶奶家，一直到我 6 周岁才随军去了南昌。这期间，除几次随母亲去部队探亲外，我基本上是在村里和小伙伴们一起疯玩儿，爬树、上房、下河沟、看杀猪、起哄，甚至"调戏"小女孩，天马行空，无拘无束，调皮捣蛋，坏事做绝。现在回想起来，这些幼年的早期经验对我性格的形成不能不说是"因祸得福"。假如我始终在父母身边的话，绝对不会像在乡下那么自由自在，任由我的性格顺其自然地自由成长和发展。而到了南昌以后，我又开始了学生干部之旅，从小学当班长，到大学担任班长、大班长、学生会主席，自然很锻炼人，这对我性格的形成起了决定性的作用。

再来谈一下理论。

"性格"一词，本身就是个很"虚"、很笼统的概念，无论如何定义，从现象学的角度来考量，我们观察一个人性格如何，主要还是看他外在表现出来的态度、言语、举止和行为。也就是说，通过这些外在表现出来的态度、言语、举止和行为，我们才能得出一个判断和结论，也即瑞士心理学家荣格所分类的"内向"或是"外向"。而一个人的态度、言语、举止、行为又受什么支配呢？毋庸置疑，是受一个人的"认知"也就是观念和理念所支配的，因为从心理学角度讲：认知决定态度，而态度又决定一个人的言语和行为。

再回到前面所举的例子：

大学生们看到辅导员穿了一条漂亮的裙子：

A：哇，老师，你好漂亮哦！

B：（无语，也可能笑笑）

C：（无语，不屑的目光）

A之所以有这样的反应，其背后的认知为："每个人都需要被赞美。"而B的认知则是："我夸老师，别人该说我拍马屁了，还是不说为好。"C的认知是："一把年纪了，还这么臭美！那个马屁精更讨厌！"

由此可见，面对同一件事或情境，不同的认知会导致不同的态度与行为。因此，我们可以做出如下基本判断：

A：性格开朗，外向。

B：性格沉稳，内向。

C：性格孤僻，忌妒心强。

于是，我们也可以这样推论，假如B和C同样也持A的认知："每个人都需要被赞美"或"你尽可能去赞美别人，而不要在乎他人怎么说"，那么，B 和 C 的性格不也和 A 一样变得健康和阳光了吗？！亦即：认知改变→态度改变→言语和行为模式改变。而一旦一个人言语和行为模式发生改变，其性格不也随之改变了吗！

所以说，"江山易改，本性难移"不过是我们习以为常的心理误区而已。尤其是对正处在人生观、世界观形成阶段的青少年来说，其性格的可塑性极强，有时甚至可以出现 180 度的大转变，这在现实生活中也极为常见。也正因为这一时期孩子自我意识的觉醒，对自己、对他人、对世界的看法正在形成，父母和老师的正确引导就显得格外重要和关键。

很多研究资料表明，中国人整体的民族性格正由封闭走向开放，由被动变为主动，由他主走向自主，由忍耐变为展示。

其实，与父辈们相比，我们每个人的性格又何尝不是在突飞猛进地改变与进步着？这一点，想必大家都感同身受。

性格完全可以改变，只要我们愿意改变！

○ ▶ ▶ ▶

■ Chapter two

第二章　过分在乎他人看法

——中国人的面子心理

"自尊"与"他尊"

几乎无一例外地，每一个中国人，生活在传统文化背景之下，从小都接受过这样的教导或训斥："不要让人笑话！"于是，这种认知或曰观念，就像是唐僧的紧箍咒一样牢牢地套在每一个中国人的头上，从而自觉不自觉地影响到每个人处世的态度与行为。

经常有咨询客人（无论是青年、中年还是老年）向我做如下的表白：

"张大夫，我是一个自尊心极强的人，我受不了别人说我不好，我甚至可以用我的生命维护我做人的尊严！"

说这种话的时候，当事人绝对是一脸的严肃与认真，没有半点儿玩笑的意思，真的是让我肃然起敬。

"哦，是这样。那么我请教一下，你说的'自尊心'对你而言，究竟又是一种什么含义呢？"

"'自尊心'？当然是要面子了，我特别在乎别人的看法，在乎别人对我的议论、评价，或者说到根本，就是我在别人心目中究竟是个什么样的人。"

说这话的时候，对方仍理直气壮。

我不得不花费一些时间耐心地给他解释什么是"他尊"，什么才是"自尊"。

真正的"自尊"，是一个人在长期的个人成长经历和生活实践当中自己对自己形成的一整套客观的、持久的并相对稳定的"自我评价"。比如说，我的优点是什么，缺点是什么，长处是什么，短处又是什么。这种自我评价因是长期的、相对稳定的，因而也轻易不会因外界或他人的评判而改变。举例来说，就是不会因为别人说我好，我就特别高兴，也不因别人说我不好，我就特别不高兴。通俗地讲，就是"我就是我"，这才是真正意义上的"自尊"。

而特别在乎他人的看法，在乎他人的议论和评价，在乎他人的脸色与反应，不过是"他尊"而已，所以我将其称为"他人取向"。年龄越小，"他人取向"越强，也就越在乎他人的看法。比如一个小学生，在学校受到老师的表扬，他会高兴好几天；反之，老师批评了他，他就会好几天闷闷不乐。究其原因，还是其"自我意识"没有正常发展所致。而一个成年人或是饱经沧桑的人则恰恰相反，他不会因为别人说他好就沾沾自喜，"我没有别人说得那么好"；也不会因为别人说他不好而闷闷不乐，"我也没有别人说得那么不好"。为什么呢？因为通过生活的历练，他已经形成了相对稳定的自我评价，或称"自我意识"，不会因外界的肯定而轻易肯定自己，也不会因外界的误解与否定而否定自己。比如一代伟人邓小平，"三落三起"，矢志不渝，他并没因外界的否定而自我否定，相反，他始终肯定自己的志向与抱负，坚持不懈，始终不渝，终于东山再起。这，才是真正的"自尊"。

"耻感文化"与"罪感文化"

为什么绝大多数中国人都常常把"他尊"误认为是"自尊"呢？这不

得不从我们中国的传统文化谈起。

自汉武帝接受董仲舒的建议，两千多年来，中国的历代统治者，基本上都是以儒家理论统治天下。而儒家修身的道德观念中，"忠、孝、仁、爱、礼、义、廉、耻"这八个字构成了其核心价值观。

过分在乎他人的看法，或称"他人取向"，主要是我们的"耻感文化"在起作用。所谓"不要让人家笑话"，不正是这种"耻感文化"的产物吗？

其实，不仅在我们中国，大凡受儒家文化影响较深的地区，如东亚、南亚各国，也都保留着强烈的"耻感文化"。在这方面，日本、韩国比我们有过之而无不及。近年来，在日本和韩国，无论是商界还是政界，当事人因丑闻而引咎辞职或自杀的事件屡屡发生，这不正是"面子"心理和"耻感文化"影响所致吗？而在我们中国，人们似乎对儒家老祖宗已不那么敬畏，所以我们很少听到某某贪官引咎辞职或自杀的消息。

2001年11月，我在日本长野应邀讲演"中国心理治疗现状"，在谈到东西方文化差异，谈到当时的美国总统克林顿先生出了那么大的"拉链门"丑闻依然昂首挺胸，人家仍旧可以泰然处之，谈笑风生，为所当为，真是佩服啊佩服时，下面传出了会意的笑声和掌声。没办法，东西方文化差异使然！而这笑声与掌声，或多或少也有些文化优越感和自豪感的味道吧。

大多数研究东西方文化差异的学者都认为：东方文化是"耻感文化"，而西方文化则是"罪感文化"。

"罪感文化"是西方人受其宗教文化影响而形成的。《圣经》中，因为亚当偷吃禁果，所以亚当和夏娃的后代——也就是我们现在的人类，从一生下来就有"原罪"，就需要不停地"赎罪"，以便进入"天堂"。

"罪感文化"有一个好处，那就是我只需要对上帝负责，而无需对他人负责；我做了坏事，只需向上帝的使者——神父或牧师忏悔，而无需在乎他人的看法。

所以，在西方文化中，"我就是我"几乎成为一种共识，只要我做的事情不违法，不损害他人利益，"我想怎么样就怎么样（Do as I want to do）"，而不必在乎他人怎么想，他人如何评价和议论。比如说，一个存在性取向偏差的人，可以很坦白地告诉他的家人或是朋友或是陌生人：我是同性恋。而不必顾忌别人的感受，其潜台词或文化背景是："我是同性恋，我的性取向和你们不一样，但这只是我自己的事，我天生如此，这不是我的错，我愿意过同性恋的生活，只要我不损害你的利益，何乐而不为？我才不在乎你怎么看我呢！这就是我，我就这样！"

社交恐怖症

"罪感文化"的另一个好处是，在西方国家很少有"社交恐怖症"这一心理疾病，有的只是"恐高症""幽闭恐惧""动物恐惧"等其他类型的恐怖症。

而在"耻感文化"背景中，这种"社交恐怖症"则比比皆是，日本人称之为"赤面恐怖"或"视线恐怖"。

这种病症的主要表现，就是一个人在社交场合，无论是人多还是人少，常常会表现为紧张、出汗、脸红、心跳加快、手足无措，尤其在异性、领导面前或重要场合，这种症状愈发严重，而且明知自己不应该这样，但就是无法控制、无法摆脱。社交恐怖症会严重影响病人的正常生活、人际交往，甚至影响到学习和工作，因而病人十分痛苦。而究其原因，无非是"过分在乎他人看法"的极端表现而已。

这些人来就诊的时候，常常痛苦得痛哭流涕："大夫你说，为什么我会这么紧张呢？一开始是见了生人紧张，慢慢地见了熟人也紧张，尤其是在异性和领导面前，或是在人多的场合，那种滋味别提多难受了，脸红、心慌、浑身不自在，有时脑子一片空白，像傻子一样，太丢人了，人家没准还以为我干了什么见不得人的事呢！其实我真的什么也没干，可是你没干脸红什么呀、紧张什么呀？而且我是越怕紧张就越紧张，当时巴不得找个地缝钻进去，真是连死的念头都有了！大夫，求求你救救我吧！……"

对于社交恐怖症，我们固然可以通过西方创立的一些心理治疗理论与技术，如自信心训练、放松疗法、系统脱敏法或冲击疗法给病人以帮助和治疗，也的确会在技术层面上缓解患者的症状，但仅仅靠这些很难从根本上解决问题，我们必须从中国人的核心价值观入手，帮助他分析并了解其认知层面的"他人取向"，即过分在乎他人看法、过分要面子才是导致其患病的症结所在。如何帮助病人在认知层面将此种"他尊"真正转变为"自尊"，才是治疗此症的根本突破口。

有几种现象更加印证了我对此种疾病在治疗方法上的正确性。每一个有经验的从事临床心理咨询与心理治疗工作的医生都能明显感觉到：第一，社交恐怖症这种病，近年来发病率呈现逐年下降的趋势。也就是说，20 世纪 80 年代很常见，20 世纪 90 年代就少得多了，而到了 21 世纪，这种病更是少之又少。第二，这种病多在青春期发病，随着年龄的增长，其患病率呈下降趋势，甚至有"不治自愈"的诸多案例。第三，女性发病多于男性。第四，中老年患病极为少见。第五，相对封闭的农村地区，其患病率要高于城市，且小城市要高于大城市或特大城市。这就意味着，随着社会的发展和人们价值观念的更新，人们正在由"他人取向"的价值观向"自尊取向"的价值观转化；而处于青春期的青少年其"自我意识"正在形成当中，在人生的各个阶段中，此阶段恰恰是"他人取向"或"在乎他人看法"最强烈的时期；女性较男性更注重"他人取向"；中老年人历经人生坎坷与磨难，"自尊取向"已基本形成，更少"他人取向"；而农村或小城市的人传统文化保留较好且人情味更浓，因而"他人取向"遗留得更多，因此人们更在乎他人的看法，更"要面子"。

我的成长

我之所以把社交恐怖症这种病在这里做以上分析，是因为它具有独特的中国文化背景，而其形成的原因，又恰恰是中国人"过分在乎他人看法"，亦即"他人取向"所致。关于这一点，对于我们每一个中国人而言，即使从未罹患此病，但此种心理误区对我们每个人的影响，坦白地讲，想必都感同身受。我自己就深有体会。

记得那是1982年，刚上大学那一年，我18岁。正如大多数青春期的孩子一样，为了急于摆脱父母的管制与约束，我报考了与家相距千里的承德医学院。报到时，教务处老师一看："哦，石家庄一中毕业的，肯定是好学生，你就代表新生发言吧。"班主任老师也说："你就先代理班长吧。"从此我"上了套"，尽管内心并不情愿（因为考得不理想，原本想"以学为主"的），但既然获此信任，自然要尽心卖力。在其他代理班委和全班同学的共同努力下，学校组织的几次活动，我们班都搞得有声有色，期中考试，学习成绩全年级第一，歌咏比赛第一，运动会成绩还是第一。到了正式选举班委的时候，全班38个人，我以36票当选班长。按理说，应当高兴吧？应当有成就感吧？但是我高兴不起来，因为我知道，除了我自己没有投自己一票外（中国人特有的低调和虚伪），还有一个人没投我的票。后来，通过"铁哥们儿"的打探，我才清楚是谁没有投我的票。

可能是"完美主义"和"面子心理"在作怪吧，我因没有全票当选而郁闷了好些天。最后，我决定和这位同学"促膝谈心"，内容无外乎"你对我有什么意见啊"，或是"你对我有什么看法啊"。这是典型的"他人取向"。可对方的反应却令我极度失望："没有啊。"不温不火，镇定自若，甚至还笑笑。我等于拿自己的热脸去贴人家的冷屁股，而且还碰了一鼻子灰，其结果，是自己更加郁闷：人家"太深了"，反过来，自己倒像是一个"生瓜蛋"，一个极不自信的小丑！

事情的转机出现得也很快。有一天，我去洗澡，洗完后我去更衣，雾气腾腾之中，差点和一个人相撞。对面"那个人"中等身材，昂首挺胸，气宇轩昂，旁若无人，充满自信，可谓一表人才。就在差一点碰上的那一瞬间，我猛地发现，面前是一面大镜子！原来，对面的"那个人"就是我自己！没错，那就是我！我还是蒙了：不对吧，这是我吗？生活中的我并不是这个样子啊！为了一张选票，低三下四，卑躬屈膝，上赶着去讨好别人，去征求意见，凭什么？！

我幡然醒悟：毕竟我得到了绝大多数人的肯定，有 36 个人投我的票，我何必非得在乎那一个人的感受，在乎那一个人对我的看法与评价呢？！

瞧这澡洗的，洗去了我一直以来的"他人取向"，洗去了我骨子里的完美主义和理想主义色彩，更重要的是，洗去了我青春期的迷茫与困惑，因此也树立起"我就是我"的"自尊取向"！

从此以后，确切地说，是在我 18 岁以后的人生道路上，和每个人一样，我经历了多少次大大小小的风风雨雨，从事业到生活，从外界到家庭，我都始终保持着这种"自尊取向"：

· 当别人不理解我时，我自己理解自己；
· 当别人不肯定我时，我自己肯定自己；
· 当别人不欣赏我时，我自己欣赏自己；
· 当别人不信任我时，我自己信任自己；
· 当别人不尊重甚至否定我时，我自己尊重和肯定自己！

道理很简单，我就是我，我已经彻底抛弃了我的"他人取向"！

"面子"心理

对中国人来说，还有一种独特的文化现象，那就是"面子"心理。每一个中国人，都是非常"爱面子"的人；每一个中国家庭，都是非常"爱面子"的家庭；每一个中国企业、社团，都是非常"爱面子"的企业、社团；甚至整个中华民族，也是非常"爱面子"的民族。这种小到每一个人、大到整个民族的"爱面子"心理，不能不说是我们中国文化的"独特风景"之一。

对于外国同道尤其是西方同道来说，究竟什么是"面子"，又如何翻译，想必是一件非常困难的事。因为"面子"绝不仅仅是指由五官（眉、目、鼻、口、耳）所构成的脸，也不仅仅是指一个人的地位、尊严或荣誉。

那么，面子的含义究竟是什么呢？

鲁迅先生曾说过："（所谓面子）如果你不去想它，则它在日常生活中存在且确实运作着，然一旦你思索它时就会开始混淆起来，想得愈多，混淆得愈厉害。"就连学贯中西的语言文学大师林语堂先生也曾说过："面子是抽象而不可捉摸的，容易举例说明而难以下一具体定义，不但无从予以定义，而且不可翻译。"

既然如此，我们就不要试图去给"面子"一词规范一个大家能接受的、可操作性的定义了，这可能有些无奈，但好像也不得不如此。

在现实生活当中，"面子"二字常常不会独立存在，在我们汉语语境中，无论是口头还是书面，"面子"二字之前常常有其他词语相伴，最为常见也最为常用的，无非是"给面子""要面子""有面子""没面子""长面子""丢面子""争面子""比面子""赏面子""死要面子"，等等。

于是，我们就不难发现，"面子"原来是靠外界或别人"给"的，或是向别人或外界"要"的，或是需要"争"的，或是依靠他人或外界"赏"的。尽管不是全部，但"面子"的"他人取向"已彰显无疑了。说得通俗一些，如果别人给我"面子"，那就"有面子"；如果别人不给我"面子"，那就"没面子"；如果我向别人"要"来了或"争"来了"面子"，就"长面子"；如果我向别人"要"不来或"争"不来"面子"，就"丢面子"。这不是典型的"他人取向"吗？究其根本，要依靠、乞求、仰仗外界或他人的反应方可找回的所谓"自尊"，即"面子"。

一个民族、一个国家，抑或一个集体、一个团队，如何"要面子"或"有面子"，在此我不做探讨，那是政治家和社会学家的事。就一个个体而言，如何看待"面子"，则属于心理健康范畴。

我们常说，某某人"死要面子活受罪"。此言不差，大凡有心理障碍或心理疾病的人，无论自己承认或不承认，几乎全都属于这种人。不仅如此，临床上我们观察到的现象和事实是：自认为"死要面子活受罪"的人，其结果却是"罪受了，'面子'却要不来！"

譬如一个强迫症患者，由于过分害怕细菌或病毒，脑子里总有"不怕一万，就怕万一"这种强迫担心，继而出现没完没了的强迫洗手。有的病人不停地洗手，一上午就可以用完一块香皂，而且一边洗一边觉得没洗干净，还时不时张望是不是有人看见或注意到自己在洗，因为上一章我们已经谈到过强迫型性格的人是很"要面子"的。

在这种情况下，患者的心理冲突是：不洗吧，万一感染上细菌和病毒怎么办？洗吧，若是让别人看到肯定会笑话自己，甚至会说自己是"精神病"。在这种两难境地中，患者在强迫担心所诱发的不安全感、不确定感和不完美感的驱使下，往往会选择"洗"。患者这种强迫动作与行为，又怎能不被家人或他人发觉呢？于是被送来就诊或住院治疗，这不正是"罪受了，'面子'也要不来"嘛！

反观一些大大咧咧，脸皮比较厚，办事也粗枝大叶，对待什么事都不计较、不认真，凡事"拿得起放得下"的人，亦即那些不太"要面子"的人，活在当下、随遇而安、"吃凉不管酸"，被老百姓称为"二百五"的人，因其不太在意他人的看法与评价，而更注重自己的感受与快乐，他们不懂什么"他人取向"或"自尊取向"，也不管什么"面子"不"面子"的，所以相对而言，心理却相当健康。

我这样说，并不是鼓励大家都去学习"二百五"或是不负责任，我只是从一个临床心理治疗学者的角度，从每一个个体心理健康的角度，提出我本人对"面子"对个体心理健康影响的一些忠告（亦即"干什么吆喝什么"吧）：如果一个人太过于"爱面子"，或太过于"要面子"，是不利于心理健康的。

当今社会，由于市场化的冲击和西方价值观的侵入，我们不难发现，中国人的"面子心理"已逐渐弱化，而转为更加功利与实用的哲学——"面子值多少钱一斤"已成为人们的口头禅。但同时也应当看到，我们中国几千年的文化底蕴，其影响是源远流长的。

就"面子"本身而言，通过我以上的分析，大致可以得出这样的结论：一是过分重视"面子"是不利于一个人的心理健康的；二是在社会生活的诸多方面，"面子"被重视的程度在渐渐降低。林语堂先生说过：人情、面子、命运是支配中国人社会生活的三位女神。现在，70多年过去了，难道我们依旧摆脱不了这三者的羁绊吗？

一个人如此，一个民族、一个国家又何尝不是如此？！

就在刚刚写完这一章欲停笔之际，我接到一个陌生的长途电话，打电话的是一名年轻的女性。

年轻女性：张教授，我想向您请教一个问题。

笔者：您好，谢谢您的信任，您是哪里？

年轻女性：我是一名内地的女孩，经人介绍嫁到内蒙古。我老公老是喝酒，而且一喝完酒就打我，经常打得我鼻青脸肿，身上青一块紫一块的。现在我特怕他，一见到他喝酒我就浑身哆嗦，我该怎么办呢？

笔者：你可以向街坊邻居或他的家人求助啊。

年轻女性：我不敢。找过别人劝他，他不听劝，反而打得更厉害了。

笔者：那你可以找当地妇联或政府部门啊。

年轻女性：那多没面子，我怕人笑话。

笔者：他每天都喝酒吗？喝多少？

年轻女性：他天天喝，而且天天喝醉，他看酒比看我还亲。

笔者：（考虑她丈夫可能有酒精依赖症）那唯一的办法就是你和他一起去看心理医生或精神科医生。

年轻女性：那不是更没面子吗？还不让别人笑话死？！

笔者无言……

■ Chapter three

第三章　不打不骂不成才

——中国人慈道文化的缺失

重孝轻慈与"舐犊之情"

当今中国学术界，有一种现象让我颇感不平。那就是，无论在大陆学者还是在港澳台学者中，竞相出现了一种研究"孝道文化"的热潮，从"孝道"的起源、内涵，传统"孝道"与现代"孝道"，旧"孝道"与新"孝道"，到"孝道"的演变继而对现代生活的影响，热议之声一片，可谓仁者见仁、智者见智，其目的无非是弘扬传统文化，棒喝"世风日下，人心不古"，或竞赶"国学"研究之热，或共追"汉风"复古之潮，不一而足。其良好的动机、学术价值与深远的现实意义，我毫不怀疑，且举双手赞成。我所不平的是，作为与"孝道"同样重要（我个人甚至认为更加重要）的"慈道"，却鲜有提及或做更深一步的研究。

在家庭关系中，"孝道"是下对上的一种认知、态度与行为；而"慈道"，则是上对下的一种认知、态度与行为，二者是对等的关系。区别在于："慈道"是天生的，是人类动物本能的一种自然属性和后天传统与教育相结合的产物；而"孝道"则几乎纯属后天文化与教育的产物。

　　关于这个问题，我曾与父亲有过一段对话：

　　"爸，向您坦白交代，也向您请教一个问题，说好了，咱可是坦白从宽，不得追究啊。"

　　"嗯，什么事？"

　　"那好，我坦白地、实事求是地说，我总觉得，在我心目中女儿一直占据重要的地位，比如她病了，我会急得要死；她出门，我会担心得要死；有一天打她的手机，开机却无人接听，我打了十几遍还是无人接听，当时我心慌出汗，腿都软了，连站起来的力气都没有，看我这样子同事们都吓坏了。可见，女儿在我心中有多重要！有时我想，如果是您或是我妈或是我奶奶，我会这样吗？我会对你们像对她这么上心吗？好长时间了，我一直在反思这个问题，是不是我这个人不孝啊？"

　　老爸笑笑："这不很简单嘛，这是人的本能嘛，我和你妈对你们兄妹三人不也一样。这么说，我对你奶奶也不孝喽？不是有一个词叫'舐犊之情'嘛，说的就是老牛对小牛的呵护、关爱之情，这是动物的本能和自然之性，老百姓不也有句话叫'人往下处亲'嘛。"

　　父亲生前，我和父亲经常进行如此坦率和真诚的交流与沟通。对我而言，他既是父亲，又是师长，还是兄长。当然，有时候他也会像个小孩子一样向我诉说他的委屈和无奈，需要我的保护、关爱和包容。

　　父亲的话消除了我心中的谜团，也消除了我的自责。

　　但在现实生活当中，又有多少人能像我的父亲那样开明和通情达理呢？作为一名心理医生，我见识了太多缺少"慈道"的父母，甚至是根本"不慈"的父母，他们为这个社会制造了多少心理障碍和精神病患者，甚至毫不夸张地说，几乎每一个心理病人的背后，都站着一个或两个"少慈"或"不慈"的父母！通俗地讲，是病态的父母在经意或不经意间造就了病态的孩子。

　　我不是说"孝道"不重要，只是由于职业的缘故，相比较而言，我可能更加强调"慈道"的重要性。

医生的愤怒

我忘不了那一双双呆滞、无神的眼睛，也忘不了那一副副惊恐、焦虑的表情，更忘不了那一个个畏缩、无助而又忧郁的身躯……他们都是孩子，一个个少男少女，一个个"不慈"的牺牲品……

我接待过一位中年知识女性，她是教师，而且历年都是教育战线上的"优秀工作者"。我永远忘不了，她含着眼泪，甚至泣不成声地向我描述她亲身经历过的那一幕一幕：

"我儿子从小就很优秀，也很懂事，从上幼儿园，一直到小学、初中都是班上的佼佼者，老师们都很喜欢他，由于长得也精神，很多女孩子也都暗恋过他……

"他爸工作忙，长年在国外，基本上是我一手把他拉扯大的，他爸偶尔回国探亲，关心的也只是他的学习成绩，很少与孩子交流、沟通。孩子成绩好，他爸就高兴，而且花很多钱，给他买这买那，在物质上给予奖励；偶尔有考得不好的时候，他爸就大发雷霆，简直是粗暴，恶言恶语，很伤孩子的自尊心。因此，孩子和他爸基本上没什么感情，甚至还向我流露过有时连杀死他爸的心都有。

"我们这孩子很乖，在外面从不惹是生非，只是性格比较内向，所以朋友也不多。他很听话，可以说从不上网，也不打游戏，一心扑在学习上，很刻苦，也很用功，我本人也是教师，我曾经为自己有这么有出息的好儿子而感到自豪，感到骄傲。

"儿子已经上高一了，而且在重点高中，学习非常紧张，因为周围同学都是全市的尖子生，所以竞争非常激烈。问题出在几周前，我发现他的成绩逐渐下滑，我很着急，不知道为什么。问他，他其实也很着急，也没好气，我也就不问了。前两天，他爸来电话问儿子的情况，我如实说了，他又急了，我们俩在电话里相互指责、相互抱怨，吵得一塌糊涂。当时孩子在自己的房间里，由于嗓门很大，想必他也听见了。

"有好几次，我给他洗内裤的时候，发现上面有精斑，我想，孩子大了，可能是梦遗吧，也没太当回事。可是，突然有一天，他、他……"

可能是太激动吧，她一边哭，一边浑身颤抖，再也说不下去了。过了一会儿，她稍稍冷静些，重新抬起头来，这时我发现，她忧伤的脸上流露出些许愤怒：

"他很反常地拉着我的手（他很久没这样主动和我亲热了），把我拉到他的房间，非常诚恳地对我说：'妈，我问你一个问题。'我说：'好儿子，干吗这么神神秘秘的，我是你妈！你想问什么？'大夫，你猜，这孩子他问什么？我都说不出口啊！"

不愧是知识分子，她还真沉得住气，我都被她吊起了胃口（尽管从事心理咨询工作多年，什么样的事儿我没听过）。

"他问您什么？"

"这小畜生，他居然问我什么是手淫！"

"这不很正常吗？你是怎么回答的？"

这时，我发现她眼里闪着凶光。

"我没有回答他，而是反问他：'你手淫？！'

"他点点头说：'是。'当时我真是气不打一处来，顺手就给了他一个大耳刮子！还骂了他一句：'你这个流氓！'"

听到这里，轮到我愤怒了，我真恨不得也给眼前这位"先进教育工作者"一个大耳刮子！但职业的理性只是让我在心里骂了一句：你他妈的真是连畜生都不如！

"那后来呢？"

"后来，后来……"她又变得泣不成声。

"当时孩子一下子傻了，我忘不了他那惊恐的目光，他就那么直直地看着我，就像看见鬼一样……我想当时我那样子一定很可怕吧……"

"再后来呢？"

"再后来，孩子一下子就疯掉了，一会儿哭，一会儿笑，两眼发直，还经常自言自语：'我是流氓……我是手淫犯……'还总是怀疑有人要害他，要抓他……"

……

鲁迅先生说过：什么是悲剧？悲剧就是把一个美好的事物在你面前扼杀给你看！而心理医生这种职业，就这样近距离地、撕心裂肺地、被迫无奈地看着这样一幕幕本不想看又不得不看的悲剧。这同时，不也是这种职业本身的悲剧吗？！

我始终认为，在这个世界上，没有对父母不忠诚的孩子，只有对孩子不公平的父母。父母可以选择要不要孩子、何时要、要个什么样的孩子，甚至可以抛弃、可以出卖、可以杀死孩子；但处在弱势地位的孩子却无法选择谁做他们的父母，而且不得不接受父母的养育，更没有权利选择更适合他们成长的养育方式。

孩子是无辜的，是父母情欲的偶然产物；孩子是无助的，一只小鸡，破壳而出就会觅食，一匹小马驹，生下来几分钟就可以站立起来，但我们人类，一个婴儿生下来如果没有成人的抚养必死无疑；孩子也是无奈的，是否要来到这个世界，任何一个做父母的，并没有事先征得人家的同意！

所以，我强调"慈道"，强调天下做父母的，对待自己的孩子，一定要有理性的认知、包容的态度，以及大致合理的行为。

父母的误区

现实是，很多中国父母，在认知、态度与行为这三个层面存在着这样或那样的误区。

1. "棍棒底下出孝子""不打不骂不成才"

如果把父母分成三种类型——溺爱型、专断型与民主型的话，显而易见，持上述观点的父母肯定属于第二种——专断型。

几千年的传统文化，给公众提供了一种模范的亲子模式——严父慈母，于是乎，做父亲的尽量去扮演"严父"的角色，而做母亲的则尽量扮演"慈母"的角色，俩人一个唱"白脸"，一个唱"红脸"，似乎这才是教育（事实上是统治和镇压）子女的最佳模式。

其结果或者效果如何呢？相信无人统计过。但从心理卫生的角度来讲，危害倒有几条：

· "打"与"骂"都是家长对孩子的否定性或惩罚性言语和行为，经由家长的否定，孩子很容易"内化"为自我否定，从而形成内向、孤僻、自卑等性格缺陷。

临床心理学鼻祖弗洛伊德说过：一个从小受到父母宠爱的孩子毕生都充满着自信与成功的欲望。因为父母对孩子的肯定在心理学上称为"首肯"，即首先的肯定，这种"首肯"也经由"内化"形成孩子的自我肯定，形成自信的心理品质。自信的孩子即使到了学校或社会上，假如有同学、老师或是其他来自外界的否定，其应付挫折的能力也很强，道理很简单：你们算老几，我爸我妈都说我挺棒的，他们才真正了解我！

而在专断模式下"生产"出来的孩子，套用我们心理学老祖宗的话说就是"毕生都充满着自卑、恐惧与逃避的心理与行为"。

· 在"打"和"骂"的环境中长大的孩子，由于趋利避害的心理需求，为避免挨打、挨骂，只得以"撒谎"或"逃避"应对之，更有甚者，还会形成"压抑—愤怒—反抗—攻击"模式，亦即我们平常所说的"逆反心理"，反其道而行之，成为问题少年或出现品行障碍，严重者，还会形成反社会人格，变得冷酷无情，仇视家庭与社会。

· 由于此专断模式不鼓励孩子表达其正当感受与正当愿望，久而久之，孩子就变得"不敢"与"不善"表达，性格渐渐变得自闭，从而难以与人沟通和交流，大多有人际关系障碍，严重者，甚至成为精神分裂症的易感人群。

·在此模式下，即便孩子不出现上述问题，历经千锤百炼，在他成人或为人父母之后，也会自然不自然地"模仿"与"重复"其父母的专断模式来教育他的下一代，形成恶性循环，这种情况在现实生活中极为常见。

2."有条件"的或"要挟式"的爱

一位英国当代心理学家说过这样一段话："孩子是上帝送给我们家的礼物，也是来到家里的客人，我们应当抱着感恩的心热情地善待他，而不要让他受任何冷落与委屈，当他18岁离开时，我们要愉快地与他道别。"

何等温馨，何等无私，何等开明，何等洒脱！

平心而论，我们中国做父母的，有几个能达到如此境界？！

中国父母对子女，不可谓不爱，但这种爱，常常有附加条件，或是变了味道，我把它称为"有条件的爱"或"要挟式的爱"。表现如下：

·"因为……所以……"。这是中国父母常常挂在嘴边的话。比如："因为我们为你付出了那么多，所以孩子你一定要争气啊！"绝大多数的中国父母"望子成龙""望女成凤"心切，其根源正基于此，充满着强烈的功利色彩。

·"如果你……我们就……"。典型的"要挟式"语言。比如："如果你这次考了前三名，我们就给你买双名牌球鞋。"这哪里像是"主人"对"客人"讲话，分明是在做生意嘛！更有甚者，"如果你不……那么我们就……"，这根本就是"抢劫"了。作为弱势的一方，孩子毕竟在经济上要依赖父母，结果不得不乖乖就范。

·还有一种情况，家长不明着要挟，而是通过诉苦的方式，比如一把鼻涕一把眼泪地对孩子说："你知道我多不容易吗？这些年为了你……"这种情形多见于母亲，而其根本目的，不外乎逼迫孩子就范，在孩子就业、恋爱、结婚等诸多人生中需要做重大选择和决定的时候，逼迫孩子放弃其自主选择，而屈从于母亲的眼泪与意志。结果导致了无数人间悲剧的产生，甚至有人为此痛苦和悔恨终生。这其实也是一种"要挟"。

·其他诸如"偏爱"，对孩子"不公正的惩罚"，"正因为是独生子女，所以才更应当严加管教"等中国人在子女教育方面的误区在此就不再一一分析和讨论了。

消除这些误区，我认为应当在全社会全面弘扬"慈道"文化，使每一个做父母的或即将做父母的，真正在认知层面领悟到"慈道"的重要性，从而在态度与行为上马上做出更正与改变，不再"无证上岗"。在这里我用"马上"二字，意为"刻不容缓"，因为这不仅关系到每个孩子的心理发育与健康成长，更关系到每个家庭与全社会的和谐，甚至关系到我们整个国家与民族的未来。

家庭是组成社会的基本单位，是每个人最先接触与成长生活最久、人际关系最为持久与深刻的场所；亲子关系又构成家庭关系的核心，对幼儿、儿童和青少年的心身健康有着极其深刻和重要的影响，是其他任何关系都不可替代的；而亲子关系的主导与主动权又完全掌握在强势的父母手中，因此，消除父母的种种心理误区，弘扬"慈道"文化，怎么强调都不过分。

而中国的现实情况又是如何呢？

"慈道"已被"孝道"压得喘不过气来，几乎找不到哪怕是动物本能的属性；而"孝道"却大摇大摆，大行其道，战无不胜，所向披靡！

在中国家庭中，父母拥有绝对的权威，做子女的，无论是个人的生活、学业、爱情或是事业，如果一旦与父母的权益发生冲突，其结果往往是以子女妥协、牺牲为代价，以维系整个家庭人际关系的和谐。不然的话，"不孝"的沉重大棒就会砸下来，逼迫你在这个传统社会中无处藏身。而做父母的，挥舞着"不孝"的大棒，如同尚方宝剑一般，左右逢源，可以迫使子女屡屡就范。在此文化背景中，做子女的，哪里还有什么权利可言？！

在"百善孝为先"的中国社会，不论父母对错与否，一个人一旦背上"不孝"的名声，基本上就被主流社会给"废了"。

给父母的忠告

如何做一个合格的父母，以下是我从心理健康的角度，给出的一些具体的、可操作的建议：

- 对孩子无条件地爱，不求任何回报。
- 不打骂孩子，不伤害孩子的自尊心。
- 理解、信任孩子，允许孩子有自己的隐私。
- 经常肯定、赞扬自己的孩子，而且要用语言表达出来。
- 经常与孩子进行身体的接触，比如拥抱、亲吻、摸头、揽腰，用躯体语言表达爱。
- 经常与孩子沟通，了解他的内心感受。
- 有时扮演孩子哥哥、姐姐的角色。
- 至少有一项与孩子共同的兴趣爱好。
- 鼓励而不是限制他与同龄人交往，无论是同性还是异性。
- 父母之间的矛盾与冲突应尽量避免在孩子面前爆发。
- 父母双方不在孩子面前说另一方的"坏话"。
- 在教育孩子的理念上，父母尽量保持一致。
- 尽量让孩子自己做决定，而不是包办代替。
- 允许孩子犯错误，因为错误本身也是成长不可替代的要素之一，只是有义务提醒他尽量不犯大的错误。
- 告诉孩子"路是自己走出来的"，并教育孩子要对自己的言行负责。
- 身教重于言教。
- 教孩子懂得感恩。
- 培养孩子做一个有爱心的人。

·不要以父母的标准苛求孩子。

·不要过分关注孩子，允许孩子有独处的时间和空间，尤其是孩子到了青春期时。

·家里的重大事件或决定要及时与孩子沟通和商量。

·避免说教。

·告诉孩子一个真实的世界：真的假的、善的恶的、美的丑的。

·不一定非要孩子上大学，但要帮助孩子掌握一种生存技能。

·孩子到了青春期，父母有义务告诉他这一切都是怎么回事。

·告诉孩子，终归有一天，他会从父母身边离开。

·告诉孩子，终有一天，父母会永远离开他。

○ ▶ ▶ ▶

■ Chapter four

第四章 鱼和熊掌想兼而得之

——中国人的心理冲突

心理冲突无处不在

心理冲突，事实上每个人都有。因为人生在世，无非就是"选择"二字。我们每个人，大到事业、爱人，小到吃什么饭、从何时吃、在哪儿吃，可以说无时无刻不在"选择"，因此也就时刻存在着这样或那样的心理冲突（也可以称之为心理矛盾或思想斗争）。正因为心理冲突每个人都有，而且时时刻刻存在于我们生活中的方方面面，所以有心理冲突并不一定就"有病"。相反，正是面对一次次选择，解决一个又一个的心理冲突，我们才渐渐成长与进步。道理很简单，如果一个人极少或没有心理冲突，他基本上不会成长，比如严重衰退的慢性精神分裂症和痴呆患者。

通俗地说，常见的心理冲突一般分为以下三种类型：

·双趋式冲突：比如在同一时间，又想读书，又想去会女朋友；或在钞票有限的情况下，又想买个名牌T恤，又想买名牌球鞋。正所谓鱼和熊掌想兼而得之。

· 双避式冲突：比如既不想去上学，又不愿待在家里；既不想陪领导吃饭应酬，又不愿得罪领导。所谓"前怕狼，后怕虎"，无法逃避，而又不得不选择其一。

· 趋避式冲突：比如想吃热豆腐，又怕烫着；想搞婚外情，又怕身败名裂；想与老婆离婚，又念老婆的某些好处或担心孩子失去完整的家，等等。

所谓"烦恼"，就是我们时时刻刻都要面对的这样或那样的心理冲突。当我们无法取舍、左右为难时，就出现了"烦恼"。因为"人生十有八九都不如意"，心理冲突也无时无处不在，所以我们每个人都喊"活得累"。

给大家介绍一个心理学实验。

实验者把一群饥饿的小白鼠放在一张桌子上，桌子前方摆放一模一样的两个铁笼子，只不过，左边那个笼子里放有食物，而右边那个则通着电（电流强度不会致死，却足以令其痛苦）。然后，实验者逼迫小白鼠们往下跳。显然，跳到左边笼子里的有食物吃，美不可言；而跳到右边笼子里的，会受到电击，痛苦不堪。

根据条件反射和所有动物趋利避害的原理，几次以后，小白鼠都"学会"了往左边那个笼子里跳。

这时，实验者把两个笼子的位置调换了一下，即右边的笼子里有食物，而左边的笼子却通着电。然后，再次"逼迫"小白鼠往下跳。

很显然，依据以往"习得"的经验，小白鼠们会一起向左边跳，其结果可想而知，是受到电击。

在这种情况下，依据动物的本能，或小白鼠中的某一个"老大"的提示："哥儿几个，咱们不妨往右边跳试试。"结果跳到右边，果然有食物，尝试与选择成功，于是小白鼠们又形成集体向右边跳的模式。

这种模式形成以后，可气的是，实验者又再次把笼子的位置调换了一下……

如此折腾小白鼠，数次下来，小白鼠们便"疯了"：或尖叫，或拒绝指令，或相互撕咬……

这便是通过实验研究的方法人为导致的"实验性神经症"。

让我们来分析一下小白鼠们所面临的心理冲突与心理压力：①基本的生理需求得不到满足——饥饿。②被外界（实验者）所逼迫，而面临一种"不得不"跳的处境。③一种"左右为难"的处境。④一种"不确定感"，无所适从的处境。⑤虽经屡次努力（多次选择），但又屡次失败、屡屡受挫，仍然达不到自己所期望的目标。⑥一种无助、无奈的处境。小白鼠们最终产生了严重的"趋避式冲突"，它们崩溃了。

其实，在残酷的现实生活中，我们每个人又何尝不是"小白鼠"呢？在竞争日益激烈的当代社会，我们每个人为生存、为感情、为事业，不也常常处在像小白鼠一样的境地吗？

为什么我说现实是残酷的呢？因为从一生下来，每个人的"起点"就不一样。因为无法选择父母，无法选择降生在一个什么样的家庭里，父母是农民、工人，还是高官、大款。"起点"不同，其今后的成长环境与人生道路绝对是不同的。所以，从生下来那一刻起，上天已经不公了，这个世界"原本"就不公平，所以人和人也是"不平等"的。

什么是"人性"

心理冲突无处不在，可问题在于，每个人的"人性"又是一致的。"人性"是什么，或者什么是"人性"？可能青少年朋友会比较感兴趣。

人性，即人的本性。不同领域的专家学者，对人性会有不同的解读，即便是同一领域的专家，对人性的理解也可能仁者见仁、智者见智。笔者从事临床心理工作20多年，听到的、看到的或感受到的，都是实实在在的肺腑之言（因为没有人会花高昂的咨询费去找心理医生"讲故事"或撒谎），触目惊心的心理现象，生死攸关的心理冲突，所以站在"一己之见"的立场上，谈谈我个人的人性观。

简言之，在这个世界上，不论民族与肤色，也不论社会制度与地理环境如何，每个人无不为满足自己的感官需要和提高生活质量而追求物质财富与金钱，每个人也无不为满足其心理需要而追求名誉和地位。

人和人的起点不一样，而每个人"人性"所追求的目标却是一致的，这样一来，想一想心理都不平衡，而想避免心理压力与心理冲突，更是几乎不可能的事了。

美国著名心理学家马斯洛把人的需要从低级到高级分为五个阶段：

·生理需要：即我们每个人动物性的需要，包括吃饭、睡觉、喝水、拉屎撒尿、性生活等。

·安全需要：比如有房子住，避免自然灾害与战争，以及在人际交往中有安全感等。

·归属和爱的需要：比如要有朋友，要有一个接纳你的单位或团队，以避免孤独。爱的需要既包括广义的爱，也包括狭义的爱。广义的爱包括亲情、友情、同学同事之情、爱陌生人（博爱）等，狭义的爱专指爱情。

·理解和尊重的需要：当以上各种需要得到满足后，人们便有了更高一级的需求，希望得到他人的理解与尊重。

·自我实现的需要：这是人的终极需要，即完全而充分地实现自己的潜能。这种需要是无止境的。

马斯洛的这一需要层次理论，也可以理解为是对"人性"的一种阐释。也就是说，我们每一个人，不论你是平民百姓，还是国家元首，都无不存在着上述由低级到高级的各种需要，这就是"人性"。

这一构架极大地丰富和发展了心理学理论，也在儿童心理学、发展心理学、教育心理学及临床心理学实践中得到了广泛应用。

我看过一部电影，忘记是印度的还是巴基斯坦的了，但影片中的一个情节给我的印象非常深刻：

一位农民因生活所迫来到大都市打工，结果屡屡受挫，流落街头，饥寒交迫。他沮丧地蜷缩在街灯下，看着眼前灯红酒绿的闹市，一筹莫展……

这时，一个同样衣衫褴褛的流浪少年过来和他搭讪。当少年知道他的困境后，说了声"你等着"，就快步跑到马路对面，趁店员不注意偷了两个面包。当少年回来把一个面包塞到他手里时，他自言自语道："真主啊，这是偷来的食物！我怎么能吃偷来的食物呢？！"

他双手捧着面包，看着身边大嚼面包的少年，陷入了痛苦的心理冲突之中：吃吧，这是偷来的食物；不吃吧，肚子实在饿得难受。踌躇不定，犹豫不决，但他最终还是做出决定："主啊，原谅我吧，人在饥饿的时候就不知道羞耻了！"于是，他也拿起面包狼吞虎咽起来。

可见，他的第一层次需要（饥饿）终于战胜了第四层次需要（自尊与被尊重）。由此可见，马斯洛所论述的人的这五种层次的需要，对每个人而言，都先要满足最低级的，然后再一级级满足，直至自我实现。

一个乞丐，很少会在乎别人是否尊重他。同样，一个在人际关系中没有安全感，也没有归属感的人，是不可能有什么"自我实现"的。

有人说，人生在世，无非"名""利"二字。错！按照马斯洛先生的理论，比尔·盖茨不可谓无"名"，作为世界首富，"利"更不在话下，如果为了"名"和"利"，他早就可以不干了，但他为什么还在努力拼搏呢？因为"自我实现"是无止境的，而"名"和"利"只不过是一个人在"自我实现"过程中的"副产品"。古今中外，没有一个人会说：我这辈子活得太好了！相反，任何人都会留有"遗憾"，都有至死尚未完成之心愿。

"人性"之冲突

马斯洛先生把"性"放在了需要的第一层次，认为性仅仅是人的生理需要。这一点笔者不能苟同。我认为性不但是生理需要，而且是一种心理需要，是一个人获得安全感、归属感、爱和被尊重感，甚至是自我实现的途径、标志和终极目的与价值之一。

我认为性不单单是生理需要，还有一个原因，那就是性有道德因素。道理很简单，以吃饭为例，人饿了都要吃饭，吃什么饭、何时吃饭、在哪儿吃，基本上是我们自己说了算，而且只要经济上、时间上允许，吃好吃坏，吃多长时间，都不含道德色彩，也就是说，不存在道德与不道德的问题。而性的满足则显然不行。尽管我们说，性是我们人类作为动物的本能需要之一，满足此需要也是天经地义的事，孔子也说过："食、色，性也。"就像吃饭一样，满足性的需要，原本是人的天性之一。但是，自古以来，性就被赋予了强烈的道德色彩。换言之，人的情和欲本身是无辜的，关键是满足情欲的对象、方法和途径。

在中国这样的价值观相对传统的社会，性更是讳莫如深，像中国其他某些"神秘的交易"一样，"只可以做，而不可以说"，是因其"说"与"做"都分别有着不同的道德含义。

而越是道德色彩强烈的事物，则越容易给个体带来强烈的心理冲突。"既想当婊子，又想立牌坊"是典型的且有中国特色又普遍存在于每个人心中的心理冲突。"当婊子"，是指人的"情欲"；"立牌坊"，则指人的"道德人格"，或"口碑"，或"名誉"。

在古代中国，贞节牌坊是皇帝给"贞女""烈女"立的，"当婊子"的人不但绝对没有份儿，反而是人们所不齿的最为低贱的职业，显然，二者是矛盾的。

表面看来，问题很好办：要么，我就甘心"当婊子"，不要什么"贞节牌坊"，也不要什么"口碑"；要么，我就严守妇道，克己复礼，以牺牲个人的情欲换得受人尊重的"贞节牌坊"。

可事实远没有这么简单。

上面我们谈到，人性是贪婪的，既想追求生理需要（情欲）的满足，又想追求心理需要（名誉）的满足。情欲是人的天性，是与生俱来的；而名誉则是寻求他人与社会的认可，是作为一个社会人起码的必备条件。虽然皇帝已经不存在了，但代表皇帝的传统文化依旧根深蒂固，除非你"不想在道上混了"。

因此，对于每一个中国人来说，这只能是永恒的心理冲突。古往今来，这种心理冲突折磨着每一个人，也制造了无数的心理障碍患者与人间悲剧。

但是近年来，随着西方价值观的侵入以及多元化的价值取向，事情似乎发生了"转机"，至少有两种人引领时代潮流，向传统文化挑战，并且使大众的心理冲突大大减轻。这两种人一是"小姐"，二是"贪官"。尽管这两种人的心态并不一样：

小姐：自古笑贫不笑娼，只要票子一张张。

贪官：现金不要白不要，不怕人笑只怕抓。

小姐，可以说是"真小人"，既然当了婊子，就不指望要什么"牌坊"；而后者则是"伪君子"了。

对他们而言，"既想当婊子，又想立牌坊"已不再是什么心理冲突，甚至能把二者完美地结合在一起，既"当了婊子"，又"立了牌坊"，一个个心安理得、理直气壮，其"心理健康"程度实在是高，看来吾等离失业也不远了……

也由此，我们可以得出一个非常悲观的结论，那就是：一个人的心理健康水平，从某种意义上讲，是与其道德水准成反比的。也就是说，越是"道德"的人，其心理健康程度越差，而越是"不道德"的人，其心理健康程度反而很高。

这样的例子在生活中不胜枚举：

比如小偷，他们在公共汽车上偷东西，非但作案时面不改色心不跳，"沉着冷静"，"出手不凡"；得手后，即便失主惊慌失措，痛哭流涕，小偷们依旧能泰然处之，若无其事。

而假如是个很"道德"的人，情况则不同了。比如，很多人都遇到过这样的情景，同一个办公室或同宿舍的人说丢失了某件东西，说者无心，听者有意，一般人则可能表现得很紧张，甚至很不自在。明明没有做贼，却有心虚的表现，只盼着人家能早些找到，心里方才踏实。真正能做到"白日不做亏心事，夜半不怕鬼敲门"，或"脚正不怕鞋歪"，因而"君子坦荡荡"的，恐怕寥无几人。

建议与忠告

那么，如何面对与适应生活中无时无处不在的心理冲突呢？笔者提供如下建议与忠告：

1. 尽快做选择或做决定

心理冲突每个人都有，甚至每时每刻都存在，这是客观现实，不容回避。有冲突也不是什么病态，但假如一个人总是持久地存在着心理冲突，而无法做出选择和决定，则会构成心理障碍，亦即老百姓所说的"心病"。最为常见的情况是，一个人感到自己婚姻不幸福，那么离婚与不离婚就构成了持久的心理冲突，甚至为此失眠、焦虑、忧郁、痛苦不堪，此时最明智的选择，就是尽早找心理医生或婚姻分析师，让专业人士对自己的婚姻状况做一个评估与诊断，进而对婚姻中的双方给予干预和治疗，而不是被动地"拖着"。

2. 不要怕犯错误

很多人迟迟做不了选择和决定的原因，究其根本，还是怕"犯错"，因而犹豫不决、瞻前顾后、患得患失，总怕"一失足成千古恨"。其实，很多事情并没有当事人想象得那么严重，错了，可以再来，摔倒了，可以再爬起来，再大的错误，也不过是一种人生的体验。

经常有咨询者问我：人生是什么？我总是笑答：人生就是"酸甜苦辣"。如果人的一生，最酸的、最甜的、最苦的、最辣的，你都尝到了，不就是一个丰富多彩的人生吗？！

3. 寻求家人和朋友的帮助

每个人都会在人生重大转折或出现重大事件时变得无所适从，甚至无助、无奈与困惑。在此种情形下，及时向家人或朋友"示弱"，去倾诉、去哭泣、去发泄，不失为一种健康、有效的调整方式。在同情与安慰的同时，家人和朋友还可以帮助你分析、整理思路，提供一些富有建设性的建议，使你更加客观、理性和中立地看待自己所面临的困惑，帮助你恢复正常情绪，做出更为理性的决定。

在这方面，女性比男性做得要好得多。男人们常常抱着"男儿有泪不轻弹""男儿当自强"等传统的错误认知以及"面子"心理，很少向人"示弱"，也不愿或不想寻求他人的帮助。所以，我曾笑谈：为什么女人寿命长，是因为女人懂得去看心理医生。这虽是笑谈，但不是没有一定的道理。

4. 及时寻求专业人士的帮助

寻求专业帮助又分三种情况。一种情况是，家人与朋友的帮助无效或效果不理想；另一种情况是，由于种种原因，当事人并不想在家人与朋友面前暴露其心理冲突；还有一种情况，由于持久的心理冲突，当事人已呈现严重的情绪障碍或行为问题，已是病态。在这三种情况下，当事人都必须尽快去看心理医生，拒绝去看的，家人及朋友也必须强制把当事人送去，以免耽误治疗。

5. 随时准备迎接新的心理冲突出现

心理冲突无时无刻不在！这个世界唯一不变的特征，那就是变。具有迎接变化与迎接挑战的心态，是一个人心理健康的标志之一。

○ ▶ ▶ ▶

■ Chapter five

第五章　注重"应该"，忽视"喜欢"

—中国人的禁忌意识

"应该"的产生

几乎每一个中国人，都是在"应该"与"不应该"的教诲中长大的：

"应该让爷爷、奶奶先夹菜！"

"你应该听老师的话，争取早点加入少先队。"

"你应该努力学习，争取考个好大学。"

"你不应该早恋，而应该把精力放在学习上。"

"应该先立业，后成家。"

"应该孝敬父母！"

"应该和领导搞好关系！"

"不应该由着自己的性子来！"

"不应该做的事绝对不能做！"

凡此种种，举不胜举。

其后果是，虽然你长大了，再也没有人在你耳旁唠叨了，而"应该"二字却牢牢"内化"并根植于你的脑海里，已经驱之不去了。不同的是，此时的"应该"已变成"我应该……"，"不应该"变成了"我不应该……"。

于是，从此以后，"我应该……"与"我不应该……"便作为你一生的信念，牢牢控制并左右着你的言行。

"应该"的危害

不幸的是，所有心理疾病与精神病患者，都是"应该"与"不应该"的产物，持这种思维模式的人，即便不患病，也肯定是活得相当辛苦、相当累的人。

我们把这种意识称为禁忌意识，即：这也不应该，那也不应该。

弗洛伊德的女弟子，美国心理学家霍妮在 1937 年出版过一本书叫《应该的暴虐》，抨击的就是这种现象。她说：对相当多的人而言，"应该"一词，像一个暴君，在我们脑海中不停地向我们施虐，而个体则毫无反抗的能力。相当精辟！

"应该"的危害在于，一旦被它统治，满脑子"我应该这样""我不应该那样"，或是"我不能那样""我不得不这样"，我们就像是被人操纵的机器，或像是被人牵着走的牲畜一样。至于我"喜欢"什么，我"想要"什么，我"愿意"怎样，这些"自主"的意识因此变得模糊和淡漠，最终迷失了自我。

十几年前，一个住院的强迫症病人给我留下了深刻的印象。

患者女性，20 岁。每次开饭，她总要去问她的主管医生："我饿吗？我该吃饭了吗？"而每次吃完饭之后，她又会反复追问："大夫，我吃饱了吗？"而且回到病房以后，必须要回来再追问一次。

这是典型的"强迫询问"，即：病人不自信，不相信自己，需要找一个她信任的人询问多次，以寻求"确定感"。

问题不在于她的强迫询问这一症状本身，而在于她所询问的内容，这引起了我深深地思考。

饥饿、口渴，这本是一个人最基本的生理需要得不到满足的表现，而且，饿与不饿，渴与不渴，这是只有本人才能感觉到的基本感受，甚至连动物都自知的感觉，她怎么会感觉不到！同样，"吃饱""没吃饱"也是人自我的感觉，食物进入胃里，通过对胃黏膜的刺激和胃平滑肌的扩张，然后反馈到大脑。而病人向医生汇报"我吃饱了"或"我还没饱"，以及询问"我该吃饭了吗？"简直就像说"我都是亲自吃饭"一样荒唐！

经进一步了解病史得知，该病人已患强迫症数年，其病前性格也属典型的强迫型性格，凡事过分认真，追求完美，刻板，固执而不灵活，过分自我苛求。

而此种性格的形成，则源于其家庭背景：她父亲是一位部队高级干部，为人正直，正派而廉洁，只是性格比较偏执，在教育子女问题上属专断霸道型，定的规矩很多，无非是"应该……""不应该……"。对子女要求过于严厉、苛刻，稍不如意就严加训斥或大发雷霆。用她母亲的话说：孩子见了父亲，那真是跟老鼠见了猫一样，战战兢兢，甚至惶恐不安，总怕哪句话、哪件事说得不好或做得不好又惹父亲生气。

可见，她是典型的"应该"与"不应该"的牺牲品。

开始，是她父亲告诉她"应该……"与"不应该……"，经由长年的积累与"内化"，变成她自己的"我应该……"或"我不应该……"。而究其根源，则源于她对父亲惩罚的恐惧，她在被父亲塑造成她父亲所希望的"应该"的那样的同时，她也被毁掉了。

一般正常人的思维模式是："我饿了，我'想'吃饭了"，"我困了，我'想'睡觉了"，而很多由"应该"与"不应该"模式培养出来的人则是："12点了，我'该'吃饭了。""都夜里10点了，我'该'睡觉了。"

"想要"是自己真实的感觉。"应该"则需要一个外界的参照物或指令，与此同时，"感觉"没有了，或病人已找不到感觉了。

医学上有一个词叫"用进废退"，指人的各种功能"用"则进化，"不用"（废）就退化。比如一个肱二头肌很发达的小伙子，因为肱骨骨折，需打石膏固定三个月，且禁止活动，其结果是，三个月后，患侧肱二头肌肯定萎缩。

人的生理机能如此，其实人的心理功能又何尝不是如此呢！一个人如果老是不"跟着感觉走"，久而久之，"感觉"就变得迟钝，或者索性就"找不到感觉"或根本"没感觉了"。

最典型的例子是抑郁症患者，由于平时活得压抑，自我加压太多，责任感太强，总是在做自己"应该"做的事，所以一旦患病，就"对什么事情也不感兴趣，高兴不起来了"。

"喜欢"与"应该"的区别

那么，如何才能"跟着感觉走"呢？

这首先需要培养我们的"权利意识"。所谓"权利意识"，通俗地讲，就是一个人在不损害他人利益和不违法这两个前提下，做自己"想"做的事，做自己"喜欢"做的事，做自己"愿意"做的事。

我国的法律规定，我们每一个中国公民享有诸多权利，比如生存权、受教育权，等等，包括每一个人在有限的人生中，追求美好、幸福生活的权利。

与"禁止意识"相反，"权利意识"主张"我喜欢……""我愿意……""我想要……"。

"应该"，往往是迫于责任和义务，或多或少带一些"不得不"的勉强，是被动的、消极的，而不是心甘情愿的。

"喜欢"，则是发自内心的、本我的，不论出自生理或心理需要，以追逐快乐与幸福为目标，因而也是人性的、主动的和积极的。

而我国的传统文化，多是注重与主张"应该"，而否定或至少不鼓励"喜欢"。

从两千多年前齐景公问政于孔子，孔子一席"君君臣臣父父子子"的治国方略可以看出，"应该"二字暗藏其中，那就是国君就"应该"有国君的样子，臣子就"应该"有臣子的样子，父亲就"应该"像个父亲，儿子自然也"应该"有儿子的样子。及至宋朝，同为儒家的朱熹更是赤裸裸地提出了"存天理，灭人欲"，公然要把人的欲望消灭掉，这分明是既虚伪又霸道了，起码这不是实事求是的态度，比他的师傅反而倒退了，因为孔子毕竟还认可"食、色，性也"。

记得我曾和一位方丈探讨佛法与人生，因为是老朋友，我也直言不讳："我认为，你们佛家所追求的'无欲'，不正是最大的欲望吗?!"不料却得到方丈的赞许："好一句禅语!"

"喜欢"的理论依据

我之所以鼓励人们去做自己"喜欢"的事，是建立在这样的前提之下的：

· "人性"是善的，而不是恶的，至少每一个人都是向善的。最简单的例子，假如在教授与黑社会老大之间选择，我相信每一个人都"喜欢"做教授，而不"喜欢"去做什么黑社会老大。

· 任何一个健全的社会，都会尊重并赋予每个人基本的自由和主动选择的权利，尤其是选择自己生活方式的自由，至少是不干预。因为每个人都是独一无二的，是"独品"和"绝品"，因而都"价值连城"，是"无价之宝"。同时，每一个人又都是有尊严的。

· 在一个人的成长过程中，每个人都有权利表现其真实的"自我"，尽管有时候我们也不得不戴面具，不得不"装×"，但绝不可能"装"得很久。"装"得久了，对自己、对他人都没有好处。对自己，肯定活得累，活得压抑，肯定会得病；对他人和社会，则会表现出冷漠、抱怨和指责，甚至出现愤怒、仇视等不良情绪，或冲动、破坏与攻击行为。

· 一个人，只有自己才最了解真实的自己，知道自己想要什么，也知道自己最不想要什么，因此，每个人的选择，往往是自己内心最真实的需要。

· 一旦一个人的内心需要得到满足，他就愈加接近真实的自我，从而产生"愉悦感"，并会把这种"愉悦感"传递给他周围的人，正所谓"爱"生"爱"。比如，只有一个快乐的男人才会给他的女人带来快乐；同样，只有一个快乐的女人才会给她的男人带来快乐。与此相反，则是"恨"生"恨"。

·我们所说的持久的心理冲突，事实上也常常是"喜欢"与"应该"之间的冲突，亦即自己的真实愿望与"他人取向"的价值观之间的冲突。尽管"喜欢"是人性的，是每个人与生俱来的权利，但在现实生活中，却往往是"应该"占了上风，迎合他人的价值观，受外界主宰，而人性又不甘心、不情愿，因而是不利于心理健康的。

正是基于以上的前提和理由，我得出如下结论：每个人在每时每刻都有权利选择做对他来讲最有兴趣和最有意义的事！

所谓"有意义"，是指对每一个个体而言，符合他真实的"内心需要"，从低级的生理需要到高级的心理需要。而需要的满足，自然会给个体带来"快乐"，而"快乐"无疑是人类最基本的、最终极的也是最高境界的追求。

在我女儿不到 16 岁的时候，我曾和她有过下面的对话：

"宝贝，爸爸问你一个问题，只能用两个字回答。"

"OK，老爸，你说吧，什么问题？"

"其实很简单，那就是：老爸希望你将来做一个'什么样的人'？"

"那还不简单，'快乐'呗！对不，老爸？"

"完全正确！加 10 分！"

……

自从孩子进入青春期，每当她过生日，我从不给她买生日礼物，连续几年，我送她的生日礼物就是一封手写的信。在她 16 岁生日之际，我在给她的信中写道：

"……你的回答非常正确，让你老爸感到十分欣慰。你比老爸强多了，我还是在近几年，才真正悟到这一点的，先前几十年，虽说不是白活，却也是活得稀里糊涂，所以才活得这么辛苦、这么狼狈。

"老爸当然希望你做一个快乐的人，而绝不希望你像我一样活得这么累！但是宝贝，快乐也分'大快乐'与'小快乐'，譬如你爸爱吃红烧肉，这是'小快乐'；而你爸应邀去日本讲学，既挣了日元，又给咱们中国人争了光，这就是'大快乐'了。

"所以，我希望我女儿，在今后的人生道路上，既要享受'小快乐'，也要追求人生的'大快乐'！"

2008年奥运会前，当远在澳大利亚上学的女儿了解到"藏独"分子干扰奥运火炬传递，且西方媒体又有诸多不实报道时，她感到非常气愤，想要去声援。在取得我的支持之后，她不顾别人说她"愤青"，毅然从就学的城市布里斯班飞往堪培拉，作为海外华人和留学生的一分子，挥动着五星红旗，声援奥运圣火的传递。当天，她打电话给我，显得兴高采烈，她说自己"热血沸腾"，这是她一生中难得的"高峰体验"："老爸，这可能就是你所说的'大快乐'吧！"

当然，我也为我的女儿感到骄傲和自豪！

注重"喜欢"的好处

既然每个人每时每刻都在选择对自己而言最有兴趣和最有意义的事，那具体要如何操作呢？我把"事情"分为四类：

· 有兴趣又有意义的事：比如吃饭、睡觉、性爱、老同学聚会、一场成功的讲座、因努力而换来的各种成就感等。

· 有兴趣但无意义的事：比如看肥皂剧、抽烟、喝酒、赌博以及各种无节制的娱乐等。

· 无兴趣但有意义的事：比如学习、做家务以及各种为谋生而不得不进行的辛勤劳作等。

· 无兴趣也无意义的事：此类事情往往出于被迫或被惩罚，比如学生被老师惩罚，把自己的名字在本上写 100 遍；再比如，把犯人关到牢房里，剥夺其人身自由，使之处于一种既无兴趣也无意义状态。这是社会对犯人的一种最严厉的惩罚。

显而易见，除了第四种情形我们不会选择外，前三种情形都存在着"喜欢"或是"应该"的选择。而无疑，第一种情形——"有兴趣又有意义的事"肯定是我们每一个人的首选！

另外，迫于生活压力或成长的需要，或为了将来更大的快乐，而放弃眼前小小的快乐（亦即人所独有的、有别于其他动物的"延缓快乐满足的能力"），我们会选择第三种情形；除非不求上进或拒绝与逃避成长，一般人对第二种情形不会沉湎其中，遗憾的是，在现实生活中，这"一般人"太少了。

作为首选，做"有兴趣又有意义的事"有以下好处：

·有利于感官的满足和挖掘潜能。所谓"兴之所至，力之所及"，就是说只有当一个人在做自己感兴趣的事情时，才会把才能发挥得淋漓尽致，因而达到目标与成功的可能性也就最大。

·有利于提高生活质量，享受人生的快乐。事实上，我们中国人的生活质量是很低的，一个不容置疑的事实是，大多数的人认为自己的生活并不快乐，即幸福指数很低。

·有利于一个人的人际关系，从而提高其心理健康程度。大凡人际关系好的人，其心理健康程度一般较高；反之，则缺乏有效的抗风险能力，在应激与挫折面前，缺少心理支持而导致其心理健康程度降低，甚至罹患心理与精神疾病。

·有利于自尊的建立与快速成长。因为减少了"他人取向"，也不"过分在乎他人的看法"，所以在心理冲突出现时，可以自主地在"应该"与"喜欢"之间快速做出选择和决定，而这每一次选择都是一次成长的过程。

·有利于培养"设身处地"的能力。由于更加尊重并了解自己的需要，注重"喜欢"而忽视"应该"，因而不再苛求自己，也不再苛求他人，从而更加理解他人，接受他人，信任他人，宽容他人；更诚实、更开放地面对他人，向他人表达、传递自己的经验与感受。人人变得真诚与坦率，多一分理解与包容，少一些指责与抱怨；多一点爱心，少一点仇恨。这社会，不也因此变得和谐了吗？！

○ ▶ ▶ ▶

■ Chapter six

第六章　　戒备、敏感与冷漠
——中国人的人际关系

人际障碍

《圣经·新约》的《马太福音》中说："只因不法的事情增多，许多人的爱心才逐渐冷淡了。"这句话用在当今中国的人际关系上，我想再恰当不过了。

"世风日下，人心不古"是人们对现实生活人际关系普遍的不满与抱怨。

从心理健康角度看，由于人是群体关系中的个体，我们每一个人的心理发育与成长，都离不开与形形色色的人打交道：要与人沟通、交流，要学会相互往来，要扮演这样或那样的角色，要与他人保持或近或远的关系，要与异性发生感情，要承担人际关系中不同的义务与责任……

良好的人际关系是一个人心理健康最重要的标志之一；反之，不良的人际关系则肯定会导致一个人在心理上出现这样或那样的问题。

我们很难想象，一个有严重心理障碍的人会有好的人际关系，而一个拥有良好人际关系的人会出现心理或精神疾病。可以这样说，人际关系与心理健康程度绝对是正相关的，是成正比的。因此，从心理卫生的角度讲，对"人际关系"重要性的认识，无论怎么强调都不过分。

既然人际关系与心理健康的关系如此密切，所以我认为有必要从社会心理学的角度，对中国人在人际关系方面存在的问题与现象、成因与应对策略，做一些粗浅的分析与探讨。

让我们先来看看人与人交往中常见的四种态度与模式：

① 我不好，你好；　　② 我不好，你也不好；

③ 我好，你不好；　　④ 我好，你也好。

显而易见，前三种态度与模式都存在这样或那样的误区，只有第四种才是阳光与健康的。

第一种态度与模式，我们称之为儿童模式或自卑者模式，其成因，多与从小父母过于严厉的管教或承受过多的指责与否定有关。

事实上，这种情况不仅仅来源于父母，还来源于我们的教师。

父母："你不听话，将来肯定没出息！"

　　　"我看你就是一头猪！"

　　　"你就是不成器的败家子！"

　　　"将来你不给我丢脸，我就烧高香了！"

　　　"我怎么养出你这么个孩子？！"

老师："你要是能考上大学，我就不姓'×'！"

　　　"我们班怎么会有你这样不争气的败类！"

　　　"我教这么多年的书，还没见过你这么笨的学生！"

　　　"你们看×××，就知道'猪'是什么样的了！"

这种指责与否定，经由内化，从而转变为自我否定，使被指责与被否定者形成自闭、自卑和敏感多疑的性格，久而久之，在与人的交往过程中，他便会渐渐形成这种"我不好，你好"的态度与模式，进而严重影响其心理与人格的发展，并造成今后的人际关系障碍。在上述四种模式中，唯有此种模式，最容易导致心理与行为问题。

第二种态度与模式，我们称之为悖德者模式或冷酷者模式。这种态度与模式的形成，除了与从小所受的惩罚与否定过多有关外，还和个体屡屡受挫或过多遭受不公平、不公正的打击，从而渐渐失去了对他人、对社会的信任，或是看到太多的不公平和阴暗面，从而对社会失望有关。

"不吃白不吃""不拿白不拿""不偷白不偷""不骗白不骗"等，多属于这一态度与模式。

目前，在我们中国社会，人际关系中普遍弥漫着这种"我不好，你也不好"的冷漠与无情，这也是造成社会不够和谐的音符之一。

"见人且说三分话，未可全抛一片心"；

"人言未必尽真，听话只听三分"；

"莫信直中直，须防仁不仁"；

"求事莫说，问事不知；闲事莫管，无事早归"；

……

以上这些"古贤文"的教诲，事实上已内化为许多中国人实实在在的态度与行为模式。于是，人人明哲保身，"事不关己，高高挂起"，在人际交往中，变得设防与戒备、怀疑与敌视，反过来，人人又都抱怨"世风日下，人心不古"，现在"鬼多人少"，人人都没有安全感和确定感，于是形成人际关系的恶性循环。

而如何重建人与人之间的爱心与信任，重建人们对全社会的信任，除笔者站在心理健康的角度，提供一些可操作性的建议与忠告外，在政治与社会层面，也必须有所作为。

第三种态度与模式，则属过分自负或偏执模式。依据上述分析，似乎这种"我好，你不好"的模式，是经由"外界肯定"而内化成的"自我肯定"，事实上并非如此，而是前两种模式的成因综合使然。所谓"骄傲与自负的人必是自卑者"，所以，这种模式不过是"过度补偿"的结果。通俗地讲，也就是"外强中干"。持这种态度与模式的人，表面上看来很是强势、傲慢与偏执，甚至趾高气扬、不可一世，但在其内心，却往往是自卑与脆弱的。

有这样一个病例，一个从农村来我这里就诊的男青年，他是这样向我描述他的情况的：

"在外人看来，我是一个很自信、很傲气的人，实际上我却是一个很自卑的人。我父母都是农民，家里的房子也不如别人家的好，因为我怕别人看不起我，所以常常和别人打架，以此证明我的能力。

"这次来你们医院看病，刚才在旁边饭店吃饭时，我怕服务员看出我是农村的，瞧不起我，我就拍着桌子大声喊：'服务员，拿菜单来！'其实这是虚张声势，我心里虚得很……"

还有一种情况，就是真的认为"我好"，真的认为"你不好"，也就是真的"自以为是"和"常有理"。比如专断的家长、霸道的上司与领导，他们近乎偏执，这种人往往缺少真诚、亲密的朋友，也绝不可能拥有好的人际关系，严重者便是"偏执狂"，那就是一种病态了。

只有第四种态度与模式——"我好，你也好"，才是健康的、富有建设性的人际交往模式。持这种态度的人，大多拥有良好的人际关系，其心理健康程度也相对较高。

家庭——人际关系的摇篮

我们每一个人最初的人际关系障碍，大概就是"认生"了。所谓婴幼儿的"认生"，就是在生人面前表现出来的紧张、害羞、恐惧情绪甚至逃避行为，其实就是在生人面前没有安全感。而一个人安全感的建立，首先源于母亲，也就是说，对于我们每一个人而言，母亲是我们来到这个世界上人际关系第一人。

心理学家做过如下的实验：

在一个房间里，放置三张床，左右两边各躺一位产妇，我们姑且称之为产妇A和产妇B，中间那张床，躺着产妇A的孩子，即新生儿A。这时候，让两位产妇随意聊天，其结果是：新生儿A面向其母亲（产妇A）的频率要远远高于面向产妇B的频率。

　　道理很简单，胎儿在其母亲子宫里要待上 10 个月，在这 10 个月，尤其是后几个月里，随着胎儿的发育，其母亲的心跳、呼吸、声音甚至"味道"，他已经十分熟悉了，因此，他的安全坐标也就必然建立在其母亲身上，换言之，"妈妈"就意味着信赖与安全感，这是本能的、原发的。

　　孩子生下来之后，母亲通过哺乳、拥抱、抚摸、与婴儿声音的交流，会使孩子的安全感得到进一步的巩固与强化。

　　而"爸爸"这一角色对婴儿的影响，固然有先天血缘的成分，但更多的，则是继发的与婴儿后天习得的。

　　由于婴儿的信赖感与安全感建立在母亲身上，而母亲又时不时地对躺在身边的另外一个人（父亲）表现出亲热与依赖，于是他就会想：大概"这小子"也值得信赖吧！及至渐渐长大，他才如梦方醒：哦，原来"这小子"就是"我爹"！

　　可见，父亲的角色是由婴儿对母亲的信赖泛化而来的。同样地，对爷爷、奶奶、姥姥、姥爷、七大姑八大姨（当然现在少多了）等其他人际角色的接受与认可，也均为"泛化"所致，从而构成了我们人际关系的雏形。

　　依据我们中国的传统文化与家庭模式，一般来说，对三岁以前的孩子，大家几乎都关心备至，呵护有加，甚至是放纵的。作为婴幼儿，一个"动物人"，我们的文化也比较倾向于宽容与关爱。

　　到了三岁左右，各种各样的规矩和约束，就铺天盖地而来。这种突如其来的改变，常常使孩子无所适从，左右为难，很容易对孩子今后人际关系的发展带来这样或那样的问题。

　　在这方面，很多中国父母或多或少都存在以下误区：

1. 过分注重孩子的身体，而忽略孩子的情感

　　几乎每一个中国父母，都对孩子的身体关心备至，而且这种关注、关爱带有一定的强制性与专断性；而他们对孩子的内心感受，如孩子心情如何、有没有受委屈、他有什么愿望与要求，则关心较少，甚至根本就不去关心。

有一次我去一所中学讲课，在互动过程中，一位初中生直言不讳："我觉得我爸我妈对我就像母鸡对小鸡一样，至于我心里想什么，他们根本不管不顾！"

这种情形所导致的后果，会让孩子感觉到，一个人的身体很重要，而"感受"是不受重视的，从而在将来的人际交往中，自然而然地，也忽视自己与他人的心理感受。

2. 不鼓励或压制孩子表达

语言作为"第二信号系统"，是我们有别于其他动物的一种标志。作为一个社会人，经由语言表达与他人和外界产生互动与沟通，才能建立良好的人际关系。

一个由美国学者撰写的研究报告指出：中国孩子的自我表达能力，不仅远远落后于美国白人，甚至还不及非洲黑人。

一个善于表达的孩子，在生活中常会被斥责为"话多屁稠""总怕把你当哑巴卖了"，而"言多必失""沉默是金""祸从口出"则是此文化背景下根深蒂固的错误认知。

一个女大学生告诉我："张老师，你在讲演中说的'高峰体验'我从来没有过，如果说有的话，那就是在我哭的时候。"

她还给我讲了这么一件事：

"大概在我四五岁的时候，有一天，妈妈带我去赶集，去的时候，我挺高兴的。在集上，看见有一个卖糖葫芦的，我特想吃，可不知为什么，我没有说出口，开始有些郁闷，直至转了一圈回来，又看到这个卖糖葫芦的，我还是没有说，就这样，我悻悻地回家了，好几天心情都不好……

"那天买了什么，我全忘了，但这件事，却时常浮现在我脑海里，挥之不去，至今难以忘却。"

她是因为"人际关系不好"前来咨询的。

我问她："你想过没有，为什么你当时没有把你真实的想法表达出来？"

"想过，我是后来分析的。首先，我曾经被'拒绝'过；其次，可能不说出口，我妈会说我'懂事'，是好孩子。"

"那她说过你是好孩子吗？"

"在我妈的心目中，直到现在，我都是很乖、很听话的好孩子。"

……

现实生活中，过分听话的孩子或多或少都存在人际关系障碍。

3. 缺乏爱抚，让孩子产生"皮肤饥渴"

我曾经说过：每一个中国人都有"皮肤饥渴症"。此话虽有些夸张，但基本符合大多数中国人的现状。

相对于和孩子进行语言交流，亲吻、爱抚、拥抱等身体语言，如果说不比前者更重要的话，至少也同样重要。因为从根本上讲，我们人类虽属高级动物，但"高级"二字不过是定语，其关键词还是"动物"，动物都有"舐犊之情"，而况人乎？！

临床上经常遇到的情形是，一个从小与父亲缺乏身体接触的女孩，在青春期到来之后，一旦遭遇异性的身体接触，常常情不自禁、难以自拔，其后果可想而知；而相反的情形是，与父亲多有身体接触的女孩，其身体与心理"免疫力"则大大增强。

另一种情况是，现实中一些过分"好色"的人（不论男女），其越轨行为的背后，也多与幼年与儿童时期缺乏母乳喂养、家长与孩子少有身体接触有关。

4. 极少鼓励"去做……"，而更多要求"不去做……"

由于中国父母对孩子更多的责备、威胁、羞辱甚至体罚，使得中国孩子在情绪表达、自主与独立、主动探索及社交能力的发展等诸多方面处于劣势。面对外部纷乱复杂的现实，中国孩子更容易出现紧张、焦虑、恐惧、不安等不良情绪，从而产生社会适应障碍。

一个显而易见的事实是：西方儿童多面带微笑，而且是发自内心的那种；而中国儿童大多面部表情不丰富，眼睛也不那么清澈、明亮，甚至或多或少带着一丝恐惧与戒备。因此，在人际交往中，中国儿童多处在一种"我好吗？你也好吗？"的迷茫与困惑之中。

5. 过分关注孩子的学习成绩，而忽视其人际交往

一个中美学者共同参与的课题研究报告指出：中国学生易倾向于成就、遵从、秩序、压抑与忍耐，而美国学生则倾向于展示、变化、支配、性爱与攻击。

从以上研究结果可以看出，对"成就"的喜好，几乎是每个中国孩子的首选，这与父母"望子成龙"的期望不谋而合，而在社交方面的"遵从、（过分追求）秩序、压抑与忍耐"则显然不利于发展建设性的人际关系。

我有一位同学，每次同学聚会时，都会提及女儿如何出色、学习如何优秀、这次又考了多少多少分、在全校排第几名，而且他女儿的确也以优异的成绩考入了名牌大学，这令我们羡慕不已。谁知他女儿上大学不到半年，我就接到他的电话，电话里的他沮丧而焦虑，向我请教并求助。原来，因为孩子自理能力差，性格过于内向，加上与同宿舍同学格格不入，难以适应新的环境与人际关系，死活都不想上学了，甚至向父母以死相要挟。最终，他的女儿还是不得不休学了。

社会——人际交往中的"角色扮演"

如果说家庭是人际关系的摇篮，那么社会则是我们无法回避的社交场所，每个人都在其中扮演着这样或那样的角色。

"角色"（role）一词，源于戏剧艺术，现在则广泛应用于现实生活，且被大众所接受。

还是以我自己为例，我的家庭角色包括：在妻子面前，我是"丈夫"；

在女儿面前，我是"父亲"；在父母面前，我是"儿子"；在奶奶面前，我又是"长孙"。除此之外，我还要扮演不同的社会角色：在部下面前，我是"院长"；在病人与家属面前，我是"医生""专家"；在学生面前，我是"教授"；在学术团体里，我是"副理事长""秘书长"；在同学面前，我是"同学"；在朋友面前，我又是"朋友"。

可见，一个人要扮演众多的角色。而角色扮演得好坏，会直接影响到一个人的人际关系。扮演得好，肯定人际关系就好；而扮演得不好，则人际关系就会出现问题。

所谓"人无完人"，就是指一个人不可能扮演好所有的角色，即便在家庭角色中，一个好"父亲"他未必就是好"丈夫"，一个好"女儿"也未必就是好"媳妇"；在社会角色中，一个好"医生"未必就是一个好"院长"，一个好"教授"也未必就是一个好"朋友"。

而当一个人什么"角色"都"扮演不好"时，我们会说这个人"活得很失败"。

所谓"忠孝不能两全"，就是指一个人"家庭角色"与"社会角色"常常会发生冲突。

从心理卫生的角度，因"角色"而引发的心理冲突与人际关系障碍常常有以下几种：

1. 角色累赘

这是最为普遍的一种现象。一个人扮演着众多的"角色"，虽尽力不停地"转换"，但终因"角色"太多，而感到力不从心，或自己或他人对自己所扮演的角色不满意，我们把这种现象称之为"角色累赘"。

这需要当事人抛弃"理想主义"与"完美主义"的理念，及时、尽早地放弃一些不重要的角色。正所谓"舍得舍得"，有所"舍"才有所"得"，要力所能及地扮演好更重要、更有意义的"角色"，轻装上阵。

人的精力是有限的，正如老百姓所言："一个人即便浑身是铁，也打不出多少钉子。"何况我们又都是肉身，并不是铁做的；也正如中医所开的处方，如果这剂药什么病都治，则肯定是什么病也治不了。

这里面还有一个核心问题，就是当事人是否懂得"放弃"。"放弃"是相对于"争取"而言的。依据"成功"的四要素（能力、努力、难度与机遇），在其他条件相同的情况下，如果不争取、不努力，则肯定不可能成功，而只要去争取、去努力，就有可能成功。

越是成熟的人，就越懂得"放弃"。从这个意义上说，懂得"放弃"，就是一个人成熟的标志。面对现实生活中的诸多诱惑，"放弃"要比"争取"难得多。

有一句西方谚语说得好："聪明人，总是在追求自己所没有的；而更聪明的人，则是珍惜自己现有的。"

我们也可以做如下解读：所谓"珍惜"，就是懂得"放弃"。假如你珍惜A，那你就必须放弃B、C、D……

2. 角色固定

所谓"角色固定"，是指一个人不分场合、地点、情境，总是"固着"于一种角色，而不能随场所与情境的不同及时变换自己的角色。

有一对中年夫妇同时来找我咨询。他们俩都受过高等教育，也都事业有成，但在家里吵得一塌糊涂，丈夫说妻子"有病"，妻子又说丈夫"有病"，于是，他们来寻求心理医生的"公断"。

原来，丈夫是一家国企的工程师，而妻子也是"女强人"，是一家商场的经理。可能是当经理的缘故，妻子常常在丈夫和孩子面前发号施令，轻则居高临下、指手画脚，重则蛮横专断、指责抱怨，甚至大发雷霆，这是导致他们夫妻争吵的根本原因。

在了解完事情的来龙去脉之后，我把"有病"的帽子戴到了妻子头上。我告诉她，她所患的"病"就是"角色固定"。因为很显然，女方尽管在单位是"经理"的角色，到了家里，角色就应当尽快转换：在丈夫面前，就应该尽量扮演好"妻子"的角色；在孩子面前，则是"母亲"的角色。只有这样，才能带来家庭的和谐与美满。而在家里依旧扮演"经理"的角色，则肯定会出问题，因为与丈夫、孩子心目中的"角色期望"反差太大，所以冲突就会不可避免。

3. 角色紊乱

也是一对夫妻，丈夫下海创办了一家公司，历经风风雨雨，公司渐有起色，事业也逐渐壮大，为了帮助丈夫打理公司，妻子也毅然下海在公司做起了"副总"，主管财务和人事。但渐渐地，在花钱和用人方面，夫妻二人就出现了意见不统一的情况，久而久之，竟发展到水火不相容的程度，他们的婚姻也到了濒临破裂的边缘。

女方来找我咨询的时候，满腹委屈：她所做的一切，不都是为了公司的发展、为了这个家嘛！她还抱怨自己的丈夫不知人善任，花钱大手大脚，她说如果不是她的尽心尽责，在公司里全心全意地帮他，可能公司不但不会有现在的业绩，没准早垮掉了也说不定呢。她非常怀念进公司前她和丈夫尽管经济上不宽裕，但夫妻和睦的美好时光。

我非常理解她的苦闷与委屈，同时又不得不告诉她一个事实：她所面临的困惑与难题，均与她的"角色紊乱"有关。

在丈夫面前，她到底是"妻子"还是"副总"？在员工面前，她到底是"副总"还是"老板娘"？如果是"副总"，她应当绝对服从她的"老板"；而如果是"妻子"，她也只能在丈夫的事业发展中扮演"贤内助"的角色，而不是"指手画脚"。

这种"角色紊乱"是导致他们夫妻矛盾的根本原因。在传统的中国社会，古人把人际关系分为五伦，即"君臣、父子、兄弟、夫妻、朋友"，其等级序列相当严格，只有每个人都扮演好自己的角色，才能保持家庭、社会的稳定与和谐。

就拿对"女子"的要求而言，"三从四德"便是一种对"女性"的角色定位："在家从父、出嫁从夫、夫死从子""妇言、妇容、妇节、妇工"。"三从"是指：女人在没出嫁之前，一切要听从父亲的；出嫁之后，一切要听从丈夫的；假如丈夫死了，则一切要听从儿子的。"四德"是指：对丈夫说话要柔声细语；保持整洁的仪容且不能给丈夫脸色看；要对丈夫忠诚守贞节；要会做各种女红、家务。

所以，现在很多男人开玩笑说："非常怀念旧社会。"

现在是新社会了，旧的封建传统与观念被打破了，而新的观念又没有建立起来，男女双方均面临无所适从的角色定位，所以婚姻问题比比皆是。正因为"公说公有理，婆说婆有理"，所以"家家都有一本难念的经"。

个人品质与人际关系

毫无疑问，相貌、身材、谈吐、仪表、气质以及人生观、价值观是影响一个人人际关系的因素，但首要因素，即吸引他人并使他人决定是否与之交往、如何交往以及交往深浅的因素，还是一个人的人品。

根据社会心理学的研究结果，最受欢迎的个人品质有以下 10 种：

- 诚实
- 正直
- 通情达理
- 忠诚
- 耿直
- 值得依赖
- 聪明
- 可靠
- 开朗
- 深思熟虑

具备上述品质的人可以概括为以下 5 类：

- 诚实而认真的人
- 通情达理又聪明的人
- 可信也可靠的人
- 亲切又体贴的人
- 直爽又幽默的人

那么，哪些品质是令人讨厌或至少是不受欢迎的呢？依次如下：

- 撒谎
- 虚伪
- 庸俗
- 暴戾

- 不诚实　　　· 不可依赖　　· 不检点　　　· 心术不正
- 卑鄙　　　　· 欺骗

具备上述品质的人也可概括为以下 5 种，依次为：
- 说谎且不可信任的人　· 庸俗而粗鲁的人
- 自私又贪婪的人　　　· 邪恶又残暴的人
- 盛气凌人又冷漠无情的人

　　以上分类，繁琐、抽象，而且实用性和可操作性不强。在临床工作中，我总结出人际交往中"最受欢迎人品"的"八字方针"，那就是"真诚、沟通、奉献、宽容"。现分述如下：

第一，真诚

　　我认为真诚是人与人之间打交道最为珍贵的品质，也是当今社会最为短缺而人人渴望得到的最优良品质。真诚就是"不设防"，就是百分之百地袒露心扉，表现出一个"真实的你"。

　　每个人都不愿意和一个不真诚的人打交道。什么"见人且说三分话，未可全抛一片心"，则完全是我们传统文化的糟粕。当然，我们中国人经历了几千年的磨难，难免会变得戒备甚至狡猾，这实质上也是一个民族自卑心理的外在表现，也是一种心理防御和自我保护。因为自信的人大多是真诚的，是坦白的，是自我暴露的，同时也是大无畏的。

　　在当今社会，正因为难得真诚，所以你的真诚才会像一缕灿烂的阳光，照亮他人的心扉，形成一道独特的风景，从而为你赢得亲情、友情和爱情。

　　一位与我相识 20 余年的老兄曾对我说："你小子那么实在，我原以为你会上当受骗或至少屡屡受伤或受挫，但事实证明，你待人真诚，总的来说，是三分弊、七分利。"

　　OK 啦，即便是四分弊、六分利，我不是也赚了吗？

第二，沟通

几乎毫无例外地，凡是善于与人交流和沟通的人，其人际关系肯定没有问题。反之，自我封闭、内向、沉默寡言的人，大多数人际关系不好，这方面无须赘言。

道理其实也很简单，即使你再真诚，如果你不坦率地表达出来，谁又了解或知道你的真诚呢？

大凡忠厚老实、性格内向之人，最最迫切需要补上的一课，就是告诉他"沟通的重要性"了。

沟通，就是把你内心最真实的想法与感受表达出来，或与他人分享经验和喜悦，或寻求他人帮助，或倾诉自己的委屈与不幸，或表达自己的感恩之情，或提出自己的意见和建议，或发泄自己的不满与愤怒。尤其在消除双方的误会方面，沟通是极具建设性的，也是唯一的途径。

第三，奉献

可以肯定的是，人际关系好的人肯定是善于奉献的人。我们每一个人都不愿意与自私的人打交道。

而事实上，就本质而言，我们每个人又都是利己主义者，这是我们的动物本性所决定的，是先天的。所谓"奉献"，就是利他主义，"利他"，是家庭、社会与文化教育的结果，是人类有别于其他动物的一种优良品质。

当我们说一个人"自私"时，实际上就是说他只利己不利他，或在"利己"和"利他"发生矛盾和冲突时更多地选择"利己"，而不是"为朋友两肋插刀"。因为一般来说，"利他"肯定会"损己"，因为社会资源是有限的，在你拥有的同时，很难或不太可能与他人同时同地分享。社会资源包括金钱、实物、信息、地位、名誉、服务、感情等。正因为社会资源有限，于是"竞争"就变得不可避免，或者换言之，所有人类社会的竞争都是为了争夺社会资源，所以才有了"弱肉强食"，才有了"优胜劣汰、适者生存"的社会达尔文主义。

　　我们中国传统文化中儒家思想的核心价值观，一个是"仁"，一个是"恕"。"仁"者爱也，教人有爱人之心；"恕"者乃推己及人，"己所不欲，勿施于人"，"君子喻于义，小人喻于利"，"君子成人之美，不成人之恶，小人反是"，均推崇"奉献"之道德观与价值观。所以，"立德、立功、立言"这"三立"之中，古人把"立德"放在第一位。而如何"立德"，显而易见，先人后己，"先天下之忧而忧，后天下之乐而乐"之"奉献"精神不正是其要义吗？！这也是在人际交往中，为什么有的人路越走越宽，而有的人路越走越窄的缘故，即老百姓常说的"为人"之核心内涵。

　　"奉献"同样是"爱的真谛"。当两个曾经相爱的人分手之后，让你久久留恋、难以释怀的，不也恰恰是对方为你所付出、所奉献过的一切吗？！

　　第四，宽容

　　宽容是社会文明程度的重要标志。美国前总统老布什说过一句话：美国有两亿人，就有两亿种生活方式。只要你不干涉他人，每个人都有权利选择最适合自己的、独特的生活方式。

　　宽容的理论基础：世界是丰富多彩的，人与人是不一样的，正因为人与人是不一样的，所以才构成了如此丰富多彩的世界！因此，每个人都可以根据自己的生活经历和价值取向，选择一种最适合自己的生活方式。

　　还有一个实事求是的前提，那就是"金无足赤，人无完人"。我们每个人都不是十全十美的，每个人身上都有毛病和缺点。在人际交往中，如果我们老盯着人家的缺点和毛病，就肯定交不到朋友，此所谓"水至清则无鱼，人至察则无徒"。

　　不"宽容"的后果之一就是"愤怒"。所谓"愤怒"，不就是拿别人的缺点、毛病和错误来惩罚自己吗？这是最常见的、司空见惯的现象，是要不得的。

　　"宽容"是一种涵养，是一种文明，也是一种透彻人性与人生的大智慧！

　　从认知心理学的角度说，同样一件事，你既可以把它看作是"可气的"，也可以把它看作是"可笑的"。一个人的情绪反应，不取决于事件本身，而取决于事件发生之后，当事人如何"认知"此事，不同的"认知"导致不同的态度、情绪和行为。

明白了这个道理，学会了宽容，在人际交往当中，我们的心态就会平和与豁达许多，也会因此而更加大度与包容，这既有利于自身的心理健康，也会交下更多不同层次的朋友，我们的生活也会因此变得更加精彩！

说得再简单一些，就只剩下一点了，那就是：在人际交往中，要学会让对方"感动"。

在人与人的交往过程中，每个人都会有"期望值"，如果达到了对方的"期望值"，对方仅仅是"满意"而已；而如果你的行为超出了对方的"期望值"，那就令对方"感动"了。可想而知，一个被你"感动"过的人，想不与你交朋友都难！

如何才能让对方"感动"呢？其实也很简单，那就是尽量多给对方一些令其意想不到的付出！

○ ▶ ▶ ▶

■ Chapter seven

第七章　缺乏浪漫与情调

——中国人的生活质量

假如感觉被剥夺

一项研究表明，在人一生的各个阶段中，美国人普遍认为成年期最为幸福；中国人则普遍认为，人生最为幸福的时期是童年。一个显而易见的事实是：一个人的童年时期只有那么短短的几年，而成年期则占据了人生的大部分。

现在普遍流行于人们口头的一个词是"郁闷"，假如一个社会大多数的人都感到郁闷的话，我们就不得不反思：这个社会究竟怎么啦？为什么我们会活得如此不快乐？为什么有这么多的人"有病"，或是心理不健康、不平衡？

作为一名资深心理咨询与心理治疗专家，平心而论，这种现象并不是我愿意看到的，正如我过去做骨科医生时并不希望看到病人骨折一样！毋庸置疑，这是一个知识分子的起码良知。

近年来，我越来越多地接待着一些"无病呻吟"的咨询客人："大夫，我只是觉得我的生活太平淡、太乏味！""大夫，我现在什么都好，就是觉得生活没有意义！""大夫，我吃得饱、睡得香，也有固定的工作，可怎么就是觉得无聊呢？""大夫，我每天的生活就是上班、下班，回家后相夫教子、做家务，然后上床睡觉，日复一日、月复一月、年复一年，我们夫妻感情也不错，可怎么就是觉得活得没意思呢？这种日子什么时候是个头呢？这不是我想要的生活呀，我一想起来就觉得可怕！"……

这些人，既没有重大的生活事件，也没有严重的焦虑、抑郁等不良情绪，够不上抑郁症的诊断标准，充其量，我只能判断他们是一种"心境恶劣"（即一种持久的心境障碍，自我感觉不适，心情不良，又构不成病态）。

为此，我曾经写过一篇科普文章，文章中，我把这种情况称为"生活单调症"。文章的主要观点是：当一个人受到的外界压力和刺激超出其承受能力时，他就会产生各种心理障碍；反之，假如一个人的生活过分单调与乏味，也同样会使其自我满意度、幸福感下降，从而出现这样或那样的心理问题。

我把人的这种状态称为"无意义状态"，亦即我们常说的无聊、没意思、无趣、无价值、单调、乏味等。

事实上，这种现象普遍存在于我们的现实生活中，而且每一个人都会有或多或少的体验。

"幸福感"是一种主观感受，即幸福与不幸福是每一个个体的主观体验与判断。换言之，当我们站在一个旁观者的角度，觉得某人"很幸福"时，当事人自己并不一定觉得幸福；反之，当我们觉得某人"不幸福"时，没准儿人家自己倒感觉"很幸福"呢！

美国人本主义心理学的创始人之一马斯洛曾经提出过一个概念叫"高峰体验"。所谓高峰体验，就是一个人极度快乐、极度开心、非常"HAPPY"的状态，一个人一生当中极为激动人心的时刻与非常有激情的状态。在此状态下，个体因全身心被激活，能深刻感受到生活的终极价值与生命的终极意义，因而高峰体验是有利于心理健康的。可以说，一个人的高峰体验越多，其心理健康程度也就越高；反之，假如一个人很少或几乎没有高峰体验，甚至长期处于一种不爽或"无意义"状态，则其心理健康程度就要大打折扣了。

我曾经接待过一位七十多岁的老太太，一个省直机关的老干部，她的话发自肺腑，也发人深省：

"张医生，我这辈子算是白活了。今天来找你，就是因为有些话我对谁都不能说，都快把我憋屈死了。

"在外人看来，似乎我是个很顺心、很幸福的人，参加工作早，结婚也早，一辈子也没遇到过大的坎坷和挫折，'反右''文革'我都经历过，但从没冲击到我。改革开放以后，中央讲干部要知识化、年轻化、专业化，由于我有学历，又是女性，还是民主人士，所以提拔得也很快，我现在享受正厅级待遇。

"两个孩子也很争气，一个去了美国，一个在北京上学，在北京的那个毕业后又留在北京工作，在北京成家立业。我也有了孙子和外孙女。

"表面看来，我真是没有什么不顺心的事，仕途顺利，家庭稳定，在别人眼里，我应该知足才是。

"但事实上并不是这样，现在流行一首歌叫什么'平平淡淡才是真'，其实我这辈子的生活就是一杯白开水，什么味道也没有，没劲透了：既没有什么让我特别开心的事，可以说，我这辈子就从来没有真正地发自内心地开心过，也没有大灾大难，没有上过当，也没有受过骗，就连我现在的丈夫，也是组织上给我介绍的。

"我并不喜欢我的丈夫，从一开始就没感觉，直到现在，我和他就这么稀里糊涂地过了一辈子。说实话，我在结婚前也暗恋过别人，婚后也喜欢过别的男人，但我从来不敢越雷池半步，因为我的身份和地位，当然更主要的是我性格懦弱，还有我们的传统理念，'嫁鸡随鸡、嫁狗随狗'吧。所以，我觉得我的婚姻很不幸，从来没有真正为自己爱过一次，哪怕爱错了，哪怕上当受骗，这可能是一个女人一生中最大的不幸吧……

"事业上？我有什么事业？！说起来好听，正厅级，现在退休了，其实狗屁不是，从我上班一直到退休，一辈子都没挪过窝，每天干的都不是自己喜欢干的事，见的也是自己不喜欢见的人，无聊透顶。由于是女同志，自己也有自己做人的原则，我从不受贿，可以说两袖清风。也正因为是女同志，所以一直是副职，一把手说怎么干咱就怎么干。有什么事业？不过是混了一辈子罢了！

"所以，我觉得我这一辈子活得特没劲，特没意思，挺悲哀的。如果有下辈子的话，我肯定不会再这么活。唉，我真想自己的人生从头开始，重新再活一次。"

……

这位老太太的话，让我沉思了许久……在为她这一生感到悲哀的同时，我也对她肃然起敬。因为，她今天说得很动情、很激动，也很真诚，也算真实地活了一把，但毕竟……即便她听过"再也不能这样活"的歌词，也为时晚矣！

当然，这是一个相对极端的个例，然而在现实生活当中，和她有类似经历的人又何止千千万万。当我看到大街上那一个个匆匆忙忙的身影，当我看到在公交车上那一副副麻木冷漠的面孔，当我看到前来就诊的那一双双忧郁、呆滞的眼睛，我常常思考：他们快乐吗？他们开心吗？他们幸福吗？他们到底有没有高峰体验？他们的高峰体验是多还是少？

再来介绍一个心理学实验，叫"感觉剥夺实验"。

实施实验者以高额报酬征得一些"被试"（即被试验者），他们让这些"被试"分别进入一个没有光线、没有任何娱乐设施，也听不到一点外界声音的暗室，除了供应一日三餐以及解决人的基本需要如大小便外，"被试"们基本上被剥夺了视觉、听觉、触觉、痛觉等一切感觉，"被试"们处于一种"无意义状态"。实验者观察"被试"的反应。"被试"在里面待的时间越久，获得的报酬越多。

其结果是：绝大多数"被试"都会在两天之内决定放弃高额报酬而退出实验。因为这种实验令他们"无法忍受"，即便出来以后，不少"被试"

还出现麻木、反应迟钝、注意力不集中、记忆力减退、幻觉等诸多认知功能障碍，以及易激动、焦虑、紧张、不安、抑郁等不良情绪，甚至还会出现"暗示性"增强以及盲目从众、冲动与攻击性增强等问题。

上述实验证明：人类需要经常接受外界的刺激，以保持其感觉和意识处于"敏锐"状态；而假如一个人生活得过分单调与乏味，缺乏适当的外界刺激，则会失去正常的心理功能，甚至导致心理病态。

因此，可以说，来自外界的刺激和应激是人的本能的一种基本需要，它们就像阳光、空气和水一样不可或缺（只要不是烈日下的暴晒，不是台风飓风，不是洪涝灾害）。至少，适当的刺激和应激会给个体带来如下好处：

· 使我们感觉更敏锐；

· 使我们思维更活跃，注意力更集中，记忆力增强；

· 因警觉性提高而更能增强个体应对挫折的能力，从而提高心理免疫力和心理承受能力；

· 增加个体经验与体验，从而提高社会适应能力；

· 面对刺激与风险，更能提高个体应对效率；

· 体验到更多的酸甜苦辣，感觉生活更加充实，人生也更加丰富多彩；

· 促使个体心理与人格更好、更快地发育与成长；

· 可以感受到更多的生活价值，赋予个体更多的生命意义。

中国人为什么不快乐

台湾学者龙应台曾经写过一篇文章，名叫《中国人，你为什么不生气》，文中，作者抨击了某些中国人的麻木不仁与冷漠的处世态度。套用龙女士的话，在这里我不禁要问：中国人，你为什么不快乐？是几千年的传统文化压得我们喘不过气来吗？还是观念与认知的误区禁锢了我们的心灵，才使得我们感到如此郁闷与压抑？！我认为，二者兼而有之。

我们的传统文化是不鼓励"享乐主义"的，也不主张个体的权利意识，而是强调服从权威，"君要臣死，臣不得不死；父要子亡，子不敢不亡"，个人利益要服从集体利益，即"集体取向"；在价值取向上，则更强调"吃亏是福""知足常乐""听天由命""安贫乐道"，主张"日出而作，日入而息""富贵定要安本分，贫穷不必枉思量""命里有时终须有，命里无时莫强求"。因而，中国人变得故步自封，安于现状，缺少追求幸福的权利意识和突破旧藩篱、建设合理新规范的道德勇气。

一个典型的例子是孔子的学生颜渊，他仅仅因为一辈子耐得住贫穷，甘于平淡与寂寞，就被喻为"圣人"。

而几乎所有西方人在论述中国人的性格时，均会采用诸如"勤劳""谨慎""节俭""顺从""依赖""安分守己"等词语来形容，而上述品质，无一不在本质上具有被动与保守、麻木与过于理性的倾向。而过于理性，是不可能产生快乐与高峰体验的。

在上一章，我们已经探讨过人性的问题。每个人生来就具备追求快乐、追求发展与成长以及追求自我实现的积极动机，此既为"人性"，也自然是我们每个人的权利！

提倡"知足常乐"，正是因为"人性"不"知足"也不"常乐"；提倡"难得糊涂"，也正是因为"人性"的呼唤，我们不愿意糊涂！

当一个小孩感到不快乐时，他会表达他的诉求："没意思，真没意思。"从而让父母了解他的感受，带他去做"有意思"的事，于是他就会变得"快乐"起来，所以我们总感到童年是快乐的、幸福的。当我们长大成人以后，其实在我们的内心，也常常有更多"没意思"的声音出现，只是我们不再诉求，或不敢诉求，于是，成年的我们只得生活在"没意思"之中了。

问题在于，我们对内心"没意思"的感受，并不会因为我们不再或不敢诉求而消失，它会以其他方式爆发出来，从而造成更为可怕的心理行为问题或社会问题：一个学生，如果觉得上学"没意思"，便会厌学、撒谎，或是沉溺于"有意思"的网络游戏之中；一个妻子，如果觉得一个人在家"没意思"，便会过分控制丈夫的行动，或是"红杏出墙"。而一个老觉得"没意思"的女人，则肯定比觉得"有意思"的女人衰老得要快！

当我们说，B事件把A事件冲淡了，使得A事件不再吸引人们的眼球了，那么肯定是因为B事件比A事件更"有意思"。

一个在现实生活中屡屡受挫而感到"没意思"的人，可能会通过抽烟、酗酒甚至吸毒来追求对他而言更"有意思"的事。

当法律对罪犯进行最严厉的惩罚时，那就是把他关进牢房里，让他感觉最"没意思"。

而当一个人去世了，那就彻底"没意思"了。

通俗地讲，我们可以把"有意思"理解为"快乐"，而把"没意思"理解为"不快乐"；或更进一步，把"有意思"看作是"有意义的人生"，而把"没意思"看作是"没有意义的人生"或一种我们称之为"无意义"的状态。

基于此，我提出如下构想：

·每个人都希望拥有一个有意义的人生；

·每个人每时每刻都在选择着，选择对他而言最有价值和最有意义的事情来做；

·每个人都不愿，也不能，至少不能长期处在一种无意义状态；

·无意义状态对个体身心健康不利；反之，有意义状态则有利于个体身心健康；

·每一个个体都希望从无意义状态进入有意义状态；

·一个人从有意义状态进入无意义状态，会变得痛苦不堪，难以忍受；

·尽管人性一致，但人与人是不一样的，个体之间因价值观的不同，对一个人来说是有意义的事，对另外一个人而言，却不一定有意义；

·一个人长期处于无意义状态，就可能无事生非。

总之，"有意义状态"会给个体带来生理与心理的满足，从而使个体拥有更高的生活质量；而"无意义状态"则是对个体的惩罚，至少会使个体不快乐、不幸福，因而其生活质量也很低。

因此，纵观中国的社会现实，人们之所以生活得如此单调、乏味，感到郁闷、压抑、不快乐，又不能或不敢有所作为，除了传统的"宿命论"误区之外，恐怕究其根本，还是基于对"惩罚"的恐惧吧。

"枪打出头鸟"，"木秀于林，风必摧之"，不也是我们中国人根深蒂固的传统认知之一吗？

"放浪形骸"与一个"自我戏剧化"的女病人

我曾在许多场合对朋友坦言：在汉语中，我对"放浪形骸"一词情有独钟！那种洒脱的生活态度与不管不顾的行为方式，以及只可意会、不可言传的意境，着实让我着迷，令我神往！

为此，我还专门查了词典。"放浪形骸"一词，成语词典上的解释为"指行动或行为不受世俗礼节的束缚"。其出处，在于王羲之的《兰亭集序》："或因寄所托，放浪形骸之外……"其近义词是"放荡不羁""倜傥不羁"，而其反义词则是"循规蹈矩""规行矩步"。我之所以钟情于这个词，是因为在中国话中，我实在找不出第二个词可以用来描述马斯洛所说的"高峰体验"那种状态和境界。我们中国人，实在是缺乏浪漫与情调，这也是导致我们生活单调乏味、质量不高的原因之一。

我骨子里是一个追求浪漫的人，周围的人，包括家人、同学、同事和朋友，也都评价我是一个"理想主义者"，或说我是一个"完美主义者"，尽管其含义不尽相同，但有一点却相同，即"不现实"！

我曾经给"浪漫"一词下过定义。

过于平淡的生活肯定不是"浪漫"。大多数人怎么活你也怎么活，别人"循规蹈矩"你也"循规蹈矩"，那肯定不是"浪漫"，因此，"浪漫"

一定不是"常规"的生活，一定是"超常规"的。然而，生活中"超常规"的事情又有很多，比如"意外"或"不幸"，比如有高兴的、不高兴的，有快乐的，也有不快乐的，那么毫无疑问，"浪漫"肯定是指高兴的、快乐的、美好的事。同时，"浪漫"的事有利己的，也有利他的，或既利己又利他的。既不利己又不利他的事谈不上"浪漫"。所以，我翻来覆去，最后把"浪漫"一词定义为"一种超常规的，既利己又利他的，并且使个体充满某种美好与神秘体验的行为与生活方式"。

其实，附加了那么多条件，这定义本身就不够"浪漫"。所以，我还是觉得"放浪形骸"这个词更接近于"高峰体验"。

但现实生活当中，又有几人能做到"放浪形骸"呢？"放浪形骸"作为一种状态和境界，又绝不是刻意能追求到的，因为一旦"刻意"，也就不是"放浪形骸"了。

那么，可不可以去"追求"呢？我认为还是可行的。

前面谈到，追求快乐和幸福生活是人的基本权利，只要不违法，只要不损害他人的利益，我们每个人都有权利选择最适合自己的生活方式。追求快乐人生，是我们的终极目标。

但是问题又来了，既然"放浪形骸"的释义是"行动或行为不受世俗礼节的束缚"，而冒犯"世俗礼节"，则肯定是有"风险"的。堂吉诃德不正是由于不顾世俗礼节勇往直前而最终被风车碰得头破血流了吗？！更何况我们中国的"世俗礼节"经由几千年的"浇铸"，这架巨大的"风车"要比我们的世界物质文化遗产——"长城"坚厚和牢固得多！

但是，道理很简单，不破不立！用老百姓的话讲，就是"旧的不去，新的不来"。"破"与"立"可能需要我们几代人甚至几十代人的努力，但如果不努力，则根本没有出路，我们就会永远"忍耐"下去，"顺从"下去，"保守"下去，"安分守己"下去，因而我们也将永远"单调与乏味"下去，永远缺乏"浪漫"与情调！

"安全"与"效率"是一对矛盾，过分求"安全"，则肯定没有"效率"，而一味追求"效率"，则肯定没有"安全感"。因为只有当一个人躺在棺材里的时候才是最安全的，同样，在中国话里，我最讨厌的一句话就是"好死不如赖活着"，也最瞧不起持这种观念的人。

"自我戏剧化"则是一种临床症状，常见于癔病（Hystria，歇斯底里），其表现是：病人常常用幻想替代现实，用想象激发情绪，从而达到自我满足的目的。一旦发起病来，病人便"进入角色"，甚至"假戏真做"，沉溺于自编自导自演的戏剧中，自得其乐。其症状的另一个突出特点是"迫切希望引起他人的注意"，发作起来常常是大哭、大笑、大骂、大闹；经常把自己放在现实生活这一舞台的中心或众目睽睽之下，通过种种方式引人注意和关注；受到重视时洋洋得意，而不被重视或不被注意时则感到十分不快或感到空虚、无聊，甚至也可能因此对他人、对外界产生强烈的嫉妒或仇恨。这种人即便在不发病的时候，也常常喜欢凑热闹、赶时髦、出风头，在生活中不甘平淡与寂寞，追求刺激，热衷于激动人心的场面；为了引人注意，不惜说谎，捏造"传奇"式的经历，扮演"英雄""小丑"或"佳人"，可以不顾面子，甚至不惜伤害自己的身体。其言行的动机和设计，几乎完全是为了产生"剧场效果"。

1990年，我在北京某医院进修学习时，就曾遇到过这样一位病人。患者女性，24岁，未婚，北京人，普通工人。临床诊断：癔症。下面就是病人在住院期间与我在办公室谈话的片段（事后我依据回忆做的详细记录）。

"大夫，你知道我是什么病吗？我是狐狸精，是离不开男人的病。我一见男大夫，尤其是长得帅的，我就心慌，就有点控制不住自己……（此时病人呼吸急促，眼神扑朔迷离，却不敢正视医生）

"大夫，让我亲你一下吧，就一下行吗……

"你知道吗，人的冲动是很难控制的，控制自己真的是很痛苦很痛苦，反正我是这样！我觉得你们都太虚伪，都不说实话，也不办实事……其实人都像你们那样活着真没意思，多累啊！我不知道是我疯了，还是外面的世界疯了？！也可能都疯了吧。这世道我看透了，疯的多，清醒的少，鬼多人少……

"每个人都有冲动啊，不管你承认还是不承认，但现在不承认的人多，承认的人太少……

"大夫你能给我讲一些性知识吗？生物课我们有是有，可男女性生理、性器官那些内容他们从来不讲，都道貌岸然的，都是伪君子！说老实话，第一次来例假我吓坏了，我还以为我要死了（做闭眼状）……

"我就闭着眼说吧。闭着眼我就跟做梦一样，一睁开眼我可能就说不成了，起码说得不好……其实，每次和男大夫在一起我就紧张（呼吸又有些局促，声音有些发颤）……我心慌得很，大夫你给我摸摸脉好吗？"

（我给她诊脉，心率108次/分）

"谢谢你，大夫，你真好，我觉得你这个人挺温柔的，你吻我一下好吗？算我求求你了……我都快受不了了……"

（在被拒绝后哭泣，且哭得很伤心）

"大夫你别走！唉，其实我能感觉得到，你也挺喜欢我的，不然怎么能和我谈这么长时间。我挺感激你的，但你们这些人就是假正经，又想亲我又怕我告发，是不是？哈哈哈！我都成你的心理医生了！

"其实我也特想当心理医生，我觉得我要当心理医生肯定是最棒的心理医生，天下第一，天下无敌！我觉得心理医生这个职业挺崇高的，也挺神圣的，唉，谁让我考不上大学呢……

"我还是闭上眼说吧，我们厂医务室有个大夫是个老流氓，上次给我查体还故意摸我的乳房，我们厂别的姐们儿也被他摸过，后来听说他得癌症死了，活该！罪有应得！大夫你信佛吗？我妈信，我也信，善有善报、恶有恶报，这叫'因果报应'！……

"我妈总跟我讲，什么女孩子应当稳重，不要老出风头、赶时髦，都快烦死我了。这次我住院，都是我爸来看我，我妈一次没来过，爱来不来！大夫我告诉你一个秘密：我跟我爸亲，跟我妈不亲。你知道为什么吗？上小学的时候，有一天我们学校有事，提前放学，我回家看见我妈和一个男的抱在一起，就在我们家门后边，从那以后我就恨上她了，她也恨我，这事儿我就跟我对象说过，我爸到现在都不知道……

"那男的就是我们家邻居，后来拆迁，也不知道搬到哪儿去了？我一直想报复他，哼！

"不像我上次住院时，在别的医院，不是你们医院，还女专家呢，她说我是癔病，不是精神分裂症，但她又说，将来我是不是会得精神分裂症那就不好说了，我认为她说这话很不负责任，我也一直想报复她！……

"其实疯子也没什么不好，自言自语，自己和自己说话，自己一会儿哭一会儿笑。不过，大夫你发现没有，在这儿住院的病人自己笑的多，自己哭的少，这就说明疯子是世界上最幸福的人。这里窗户上都有铁栏杆，像是个大笼子，我们这些人都是笼子里的小鸟，说可怜也可怜，没有自由；说幸福也幸福，我们个个都挺愉快、挺快乐！我觉得你们不要给人家治，治好了，又让人家回到外面那个丑恶的现实当中去，不是又痛苦了？！……

"将来有什么打算？很简单，恋爱结婚，生儿育女，吃喝玩乐，只要不犯法，姑奶奶想干嘛就干嘛！谁不想过上好的生活啊？！……"

这就是一个"自我戏剧化"的女病人的自述，她说得多么真实，又是多么可爱！而当时的我才仅仅26岁，她是我的老师，又何尝不是我们大家的老师？！

正如德国精神病学家K. Jaspers所说：了解"病态"是洞察"常态"的钥匙，而不是相反。

问题是：何为"病态"，又何为"常态"？

也正如这位女病人所言："究竟是我们疯了，还是外面的世界疯了？！"……

○ ▶ ▶ ▶

■ Chapter eight

第八章　追求名利与补偿过度

——中国人的自卑情结

每个人都是自卑的

"自卑"一词是舶来品，从西方传到中国，不过是近 100 年的事，但其影响恐怕要比其他舶来的词要大得多。一个显而易见的事实是：只要稍有些文化常识的人，都会使用这个词。有一次，我在菜市场买菜，居然从一位老农民嘴里听到这个词，这不禁让我欣慰：看来，咱中国心理学要腾飞了，就连一个卖菜的农民，都能把一个心理学词语用得如此到位！

一个人性格内向还是外向，这种性格的简单分类，是临床心理学鼻祖弗洛伊德的大弟子、瑞典心理学家荣格首先提出来的，并被大众接受和应用。而"自卑学说"则是由弗洛伊德的另外一位弟子奥地利心理学家阿德勒创立的。"自卑"一词在生活中已被人们广泛使用，但关于自卑，尚无权威的定义和深入的研究。

本人从事临床心理咨询与心理治疗工作 20 余年，见过太多自称自卑或被他人称为自卑的人，在此，姑且对自卑做一粗浅的分析与探讨，希望能起到抛砖引玉的作用。

首先，我认为自卑每个人都有，且所谓自卑感都是与他人比较所产生的一种负性的心理感受。

说每个人都是自卑的，是基于这样一个前提：金无足赤，人无完人。我们每个人都不是十全十美的，都或多或少具有这样或那样的缺陷、短处或是毛病。

说自卑是比较的产物，是因为当一个人自称"自卑"或别人说"他很自卑"时，当事人或别人当时肯定有参照物，比如残疾人是和正常人相比的结果，个小是和个高相比的结果，而假如我们地球上只有一个人，没有了参照物，也就没有"自卑"这个词了。

说自卑是负性的心理感受，是因自卑是一种不愉快的、沮丧的甚至是痛苦的心理感受。我还没有见过谁在描述"我很自卑"时，表现得兴高采烈甚至"飘飘然"，除非这个人"有病"（那叫"情感倒错"）。

在临床上遇到的情况是：几乎每个心理疾病患者或精神病患者都深感自卑，且沉溺其中不能自拔，因此常常陷于沮丧和痛苦的体验之中。

我曾经接待过这样一位患者：李某，女性，20 岁，人长得相当漂亮，其父也有一定的社会地位，美中不足的是：她曾患小儿麻痹，并因此落下后遗症，一条腿长，一条腿短，一条腿粗，一条腿细，走起路来一瘸一拐的。

她是在我接诊过程中所遇到的特例之一，我指的不是因为她是残疾人，而是她通过她的父亲在就诊前给我提出了特殊要求，那就是，让我先转过身去，等她坐定以后我再把身子转过来，意思是不想让我看见她走进诊室时那一瘸一拐的样子。我当然理解，于是照做了。

女孩长得很白，也可能她自己也觉得自己的要求有些过分吧，脸上泛着红晕，有些不好意思，并对我的理解和配合表示感谢。她颇有教养，也很有气质。

"是自己要求来的，还是你爸爸让你来的？"

我这样提问，是想确定一下：大凡主动来找医生咨询的，说明其有痛苦体验，且有强烈的求治愿望；而被动来的，或被家长"骗"来的，则要么是比较严重的精神疾病，要么心理疾病比较严重，且不太配合治疗。

"是我自己要来的。"她说话干脆利落，吐字清晰。

"那好，说说你的情况，或是你来我这儿的目的，或是在哪些方面需要我的帮助？"

面对美女，我的态度可能比平时更和蔼可亲。

"张叔叔，你也知道了，我是残疾人，我特别特别自卑，但是，但是……我的理想却是做个舞蹈演员。"

……

我差点没从椅子上掉下来！

详细的咨询与治疗过程由于篇幅有限，在这里我就不讲了。

我称她为"折翅的天使"。现在十几年过去了，她已成家，做了母亲，还自学中医参加自考，开办诊所，成了一名优秀的社区医务工作者。

举这个例子，我只是想说明，一般在身体上有严重缺陷的人是"特别特别自卑"的。

其实，何止残疾人，我们每个人又何尝不自卑呢，尤其当一个人进入青春期，其自我评价开始建立，并渐渐形成自我意识的时候。

我本人就有这样的体会：

上小学时，因为我鼻子长得不挺拔，而且小，同学们给我起了个外号叫"小鼻子"，为此，我还和别人打过架。

长大成人以后，我为自己的身材自卑，身高只有一米七四，而我弟弟则长得高大健壮，身高一米九，用我女儿的话讲，她叔叔就一个字——"帅"。更糟糕的是，也许是父亲的遗传，加上背负生活与事业的重负，不到 40 岁我就开始驼背，加上身体也不好，所以走起路来显得"老态龙钟"。直到现在，我还在为此自卑；直到现在，我还尽量不和我弟走在一起……

印象最深的是上高中时，开家长会，别的同学的家长有医生，有工程师，还有官员，个个气宇轩昂，而我的父亲那时也只有 40 多岁，说起来也是个军人，却穿着一身破军装，驼着背，让我好没面子，为此我曾多次郁闷，自卑得不得了，甚至觉得在同学、老师面前抬不起头来。有时索性死活不让我爸去，而让我妈去，我妈谈不上给我长面子，起码不让我那么自卑吧。这件事，可怜九泉之下的父亲，到现在都不知道。

自卑者一个显而易见的特点就是喜欢和他人比较，而我们每一个人，肯定不是在这方面，就是在那方面，有不如别人的地方，于是自卑就变得不可避免。

有这么一句话，叫"自卑者都是野心家"。换言之，我们也可以理解为他们在成为野心家之前，肯定都是自卑者。最典型的例子是希特勒，由于他出身贫寒，青年时期又为艺术屡屡受挫，甚至流落维也纳街头，在其《我的奋斗》一书中，他也坦陈自己曾"相当自卑"。

所以说，每个人都是自卑的，或说得更确切一些，每个人都曾经自卑过，这是不争的事实。

导致自卑的原因浅析

那么，为什么说我们每个人都是自卑的呢？因为对每个人而言，存在着或多或少、这方面或那方面的自卑是不可避免的，究其原因，还在于我们每个人都有一种"完美主义倾向"。

前面我谈到的那个女孩就是例子。

"天使"在我们心目中是近乎完美的，但"折翅的天使"肯定就不完美了。明明自己是残疾人，而且是肢体残疾，却又执着地追求并希望自己做一名出色的舞蹈演员，所以"特别特别自卑"也就不足为奇了。

具体分析引起一个人自卑的原因，大概无外乎以下几个方面：

1. 家庭背景

婴儿或幼儿是不懂得自卑的，因为他们还不懂比较，更不懂得追求什么完美。渐渐长大以后，他会发现：为什么别人有的东西我没有；别的小朋友穿得那么漂亮，而我的爸爸妈妈为什么不给我买；别的小朋友说爸爸妈妈经常带他去吃"肯德基""麦当劳""必胜客"，而自己为什么才刚刚听说；别的小朋友是爸爸用汽车送来幼儿园的，而自己却是坐自行车，风吹日晒的，真不爽！

及至上小学、上中学，他的"比较"心理开始萌发，自我意识也开始觉醒，而且发现原来有些事情是无法选择、无法改变的；原来自己的爸爸妈妈也会自卑，也会觉得在很多方面不如别人；原来人和人真的不一样，人和人生来就是不平等的。

到了大学，这种情况就显得更加突出，更加明显，他不再问为什么，而是不得不接受这样的事实，即便是同一个宿舍的人，从踏入校门那天起，就知道人和人是不一样的：自己一个人来报到，而且学费是东拼西凑的，而有的同学则是父母陪着，坐着高级轿车来的；自己穿得如此寒酸，而人家则一身名牌；似乎老师也对自己和那些有钱的、有地位家庭的孩子关心和关注程度不一样，对后者有些另眼看。及至后来，同宿舍哥们儿交往与互动时，人家出手阔绰，动不动就请哥几个到酒楼去"撮一顿"，而自己，因囊中羞涩，"英雄气短"，所以不得不扮演"跟班"的角色，或无奈而又沮丧地敬而远之。

所以说，一个人的出身不同，父母的职业、社会地位和家庭经济背景不同，经由"比较"，都会使人产生这样或那样的自卑心理。

2. 身体与生理原因

就像上面提到的女孩那样，身体上有缺陷的残疾人相对于身体正常的人来说无疑有着强烈的自卑感，他们是迫切需要得到救助与关爱的弱势群体。不仅仅是在身体上，还有心理上，他们都亟需救助与干预。在这方面，各级残联做了大量的工作，但我认为还远远不够。

即便是正常人，也会因为长得高或长得矮、长得胖或长得瘦、长得白或长得黑、长得俊或长得丑等而导致这样或那样的自卑心理。

以上情况是天生的，个人无法选择，也无法改变，因而常常有人怨天尤人，抱怨老天爷不公平，甚至抱怨父母："为什么我生在你们家?!""都怨你们，没有给我好的遗传基因，让我长得这么丑!"甚至引发这样或那样的心理问题，严重的，还可能因为自卑，所谓"光脚的不怕穿鞋的"，出现嫉妒、愤怒情绪，导致攻击或破坏行为，影响社会的稳定与和谐。

越是自卑的人越是敏感、多疑，人际关系方面也常常出现问题，难以相处;而当其将这一切归咎于社会不公，自己又不愿努力改变现实时，其后果是相当可怕的。

3. 个人成就

我们很难想象，一个成功者，或在诸多方面通过个人努力而颇有成就的人，会有什么自卑心理。

而没有"成就"，比如学习成绩不好、人际关系障碍、工作上屡屡受挫，或大龄未婚，或自感性格缺陷又难以改变，或社会地位较低，或经济收入不满意，或孩子不争气，甚至太太长得不漂亮，或老公既没地位又没钱等，其中的任何一种原因，均可使人产生自卑心理。

4. 父母与老师的教育模式

马斯洛说过，一个人要首先被外界尊重，然后才形成自尊，亦即经由外界的肯定转化为自我肯定。

目前，虽然心理学派和心理学观点不胜枚举，但有一点是大家公认的，那就是:在一个人的心理发育与成长过程中，"早期经验"非常重要，而且是越早就越重要。

很多在心理上自卑的孩子，无一例外地，都有从小在家庭中被父母否定的经历和经验。

"没出息!"

"瞧你这点儿德行!"

"就你这样，成不了大气候！"

"不争气的玩意儿！"

……

诸如以上的语言，常常是父母挂在嘴边的话。他们常常不假思索，脱口而出。但只图自己一时痛快，一时解气，会给孩子造成何种心理伤害，造成什么严重后果，大多数父母并不懂得。我们在第三章里已经探讨过，这是传统文化使然，因为做父母的，他们从小也正是这样被训斥和否定的，甚至有过之而无不及。这样的父母，常常还有一个貌似真理的理由：我们就是这样被训大的，现在不也挺好的嘛！我只得告诉他们：如果不是这样，他们会更好！

问题还在于，往往有些父母是知识分子，甚至很多人本身就是大学教授、硕导、博导，但他们并不懂心理学，尤其是我们的中小学一线教师，他们没有一个在上大学期间没学过儿童心理学、教育心理学，但对孩子、对自己的学生，亦是如此！这就不得不令人气愤了。这些做父母的把孩子当作自己的私有财产，轻则骂，重则打，还美其名曰"打是亲骂是爱"，真是狗屁不懂！

而做老师的，明知不可为而为之，我就要怀疑其职业道德了，或是老师本人存在着这样或那样的心理问题，比如可能是教学压力、工作负荷太大，可能是自己婚姻不幸福，或是自己的孩子不争气等。权威资料显示：在中小学教师队伍中，有各种心理疾病者占到整个教师队伍的三分之一。我不相信这个数字，因为我觉得实际比例应该比这高得多！

我之所以有些激动，是因为这一导致个体自卑的外因完全是可以改变的，作为父母、作为老师，面对孩子这一弱势群体，教育方式是完全可以选择的！尤其作为一名老师，他说话的分量以及对孩子心理所造成的伤害，是要远远大于父母的！这一点，我认为怎么强调都不过分！

所以说，一个从小不被父母和老师尊重，一个经常被父母和老师否定的孩子，相比那些得到更多夸奖、肯定与赞赏的孩子，更容易埋下自卑的种子，并在今后的人生道路上生根、发芽。

"卑"者，低下、低劣之意。德国著名哲学家黑格尔说过，"自卑往往伴随着懈怠"。我们不难理解，一个被外界，尤其是被自己所敬重的父母和老师看得"低下、低劣"的人，又怎么会不把自己看得"低下、低劣"呢？而一旦自卑形成，往往伴其终生，因为"反正我在别人眼里是低劣的，努力又有什么用呢"？因而自卑者常常自惭形秽，甚至自暴自弃，出现懈怠，也就不足为奇了。

有的论述自卑的科普文章，把自卑说成是一种"心理品质"，这也是我不能同意的，因为"品质"一词，或多或少容易让人赋予其道德色彩和道德评判，我们绝不能说自卑者就不道德，不自卑者就道德，而事实上也许恰恰相反；而且，"品质"的定位，很有可能使自卑者更加自卑。所以，如此定位，我认为既不科学也不道德，因为自卑仅仅是个人的一种心理感受而已。

需要指出的是，我们大多数人的自卑，仅仅在某一方面，或家庭背景，或生理方面，或心理方面，而人们约定俗成称之为"自卑者"的人，则可能在很多方面都比较自卑，这就需要去看心理医生了。

也正因为自卑因"比较"而来，所以"自卑者"往往对比他强的人呈现四种态度：一是"羡慕"，二是"嫉妒"，三是"仇视"，四是"努力"。这也就难怪"自卑者"的人际关系常常相当糟糕，甚至会引发越来越多的社会问题了。

对个体而言，只有第四种态度——"努力"是最富有建设性的。

补偿与补偿过度

临床心理学中有一个很常用的词，叫作"补偿作用"，是指一个人通过自己的努力，来补偿个体生理或心理等其他方面的缺陷与不足。

大家都知道，盲人的耳朵一般都比较"灵"，你和他说过一次话，下次再见面，他仅仅通过你说话的声音就能分辨出你是谁。耳朵"灵"，正是补偿其视觉的"盲"。

现实生活中这种例子也很多：有的人学习不好，就在体育方面彰显其"威风"；有的女孩功课不好，就在社交场合"出尽风头"。

有位美国前总统的夫人曾私下坦言：自己年轻时因自认为长得不漂亮，所以就特别在学问和个人修养上下功夫，培养所谓的内在美。做了第一夫人之后，果然派上了用场，风光无限，可谓"失之东隅，收之桑榆"。

再比如，貌不惊人或长得丑的女孩，因为常常被帅哥所忽视，或被其他人瞧不起，于是就刻苦学习，通过上大学，甚至读硕士、读博士来提高自己的"身价"，这也许就是漂亮的"女博士"少之又少的原因了。

对于自卑者而言，补偿不失为一种抵消自卑的好办法，因此我们可以理解为什么自卑者大多都争强好胜，甚至过分敏感、多疑和过分要面子了。

问题在于，凡事总要有个度，过分了，就不一定是好事了，甚至有可能适得其反。"死要面子活受罪"的人，其结果往往是：罪受了，面子反而要不来！这在心理学上被称为补偿过度。

这种补偿过度的现象，在当今中国社会，突出表现在以下几个方面：

· 过分追求名利；

· 过分苛求自己，目标定得太高；

· 过分功利而忽视亲情、友情与爱情；

· 过分注重目的，而忽略过程本身；

· "过河拆桥"而忽视"感恩"；

· 强迫症病人"不怕一万，就怕万一"的强迫担心和强迫行为；

· "头悬梁、锥刺骨"的学习态度；

· "工作狂"的生活态度；

· 过分追求官位的"钱权交易"；

· 过度紧张，以至享乐能力退化和低下。

以上所列举的，均是补偿过度的现象，究其根本，都是自卑感在作怪。

现代人都在喊"活得累"，都在抱怨"人在江湖，身不由己"，其实根本就不是那么回事儿，这不过是掩饰其内心自卑，并过度补偿的结果罢了。

补偿过度使人忽视或迷失了生活真正的价值和人生的终极意义，这就难怪老外说我们中国人"享乐能力低下"了。

其实人生就像是在爬山，有的人紧盯山顶的目标，不停地攀登，一时一刻也不休息，最终一鼓作气爬了上去，四处看看，"哦，也不过如此，就是这么回事！"而有的人则在爬山的过程中，看看天上的白云和身旁的绿树，听听小鸟的歌声，偶尔喊上两嗓子，饿了，吃一口自带的干粮，最终也到达山顶。二者的不同之处在于，前者过于注重目的，而后者则看重过程，并享受过程本身。许又新教授把后者的人生态度喻为"手段目的化"，即爬到山顶是目的，爬山过程是手段，一个人就是要学会把爬山的"过程"当作"目的"来享受。

补偿过度，不但于己无利，对他人也不利。生活中，我们经常可以看到这种现象：一个自卑的母亲，常常对自己过分苛求，省吃俭用，严于律己，其结果是：她会因此苛求丈夫和孩子，稍不如意，不是指责便是抱怨，要么就歇斯底里发作。这样的生活，对丈夫和孩子而言，无异于一场灾难，每天生活在"水深火热"之中，还有何生活情趣可言？！

而由于自己的自卑心理，在仕途上拼命往上爬，不惜搞权钱交易，则不仅是心理问题了，它已经触犯了法律，但究其根本，还是补偿过度使然。

成就感——自卑的天敌

很多人急于想知道，既如此，那么怎样才能克服自卑呢？或者说，怎样才能让我们变得不再自卑了呢？

现在，很多科普文章都在教育人们：要克服自卑，首先要增强自信。用心虽好，但和白说一样，因为"克服"与"增强"本身就太虚、太笼统，难道说只要我一"克服",自卑就不存在了吗?或一"增强",自信就出来了?关键是对如何克服以及如何增强,应给出一些具体的可操作的方法。

学过哲学的人都知道,任何事物都有正反两个方面,从这个意义上讲,自卑不一定就是坏事。

首先,我们来分析,与自卑感相反的感受是什么,是优越感,对不对?我们来设想一下,根据我们以上对自卑成因的分析,假如一个人家庭背景好,即父母有钱也有地位,自己长得也帅、学习也棒,恰恰又有幸遇到民主、慈爱的父母和有教养的老师,那会出现什么情形呢?

· 自命不凡,甚至出现"小霸王"心态;

· 由于经济条件优越,穿用名牌,花钱大手大脚,而不懂得什么是节俭;

· 衣食无忧,甚至不需要自己努力,父母攒下的钱"自己这辈子也够花了",因而不勤奋也不求上进,终生一事无成;

· 因"一览众山小"而傲视众人,过分自负与自我中心,导致人际关系障碍;

· 认为其所拥有的一切是应该的,因而不懂得珍惜,也不懂得感恩,最终成为"败家子"或"不孝之子";

· 个别人甚至还会因优越感显得"鹤立鸡群"而被孤立,从而呈现另外一种意义上的自卑。

这很有意思,是不是?某种意义上的不平等和不公平又成为另一种意义上的平等和公平。上述情形在现实生活中,不是司空见惯、比比皆是吗?!

我经常说,"捡一万块钱"和"挣一万块钱",个体的心理感受绝对是不一样的,后者有成就感,而前者则肯定没有!尽管人生是开放的,是不确定的,不幸和意外是不请自来的,但幸福肯定与努力是分不开的。

纵观我们中国的文化,"家贫出才子""不吃苦中苦,难为人上人""天将降大任于斯人也,必先苦其心志,劳其筋骨,饿其体肤,空乏其身……""梅花香自苦寒来"等，均说明取得成就感才是战胜自卑感的唯一途径。

从这个意义上讲，人有自卑感并不一定是坏事，因为假如一个人没有自卑感，就没有奋斗的动力！

在这方面，我至今都非常感谢我的母亲，是她的一席话，改变了我的一生。记得那是我刚上初中三年级的时候，有一天晚上，我正在剁白菜，准备掺玉米面喂鸡（当时由于家庭困难，做各种家务是我每天的"必修课"，以致后来经常向别人吹牛：我除了不会生孩子别的什么都会），我妈把我叫到一边儿："老大啊，现在国家恢复高考了，你是不是就不要画画了，我看还是考大学吧，你看你 × 叔叔，人家两口子都是大学生，厂里多重视啊，钱挣得也多，你看咱每天吃什么，人家吃什么，咱穿什么，人家穿什么。说起来你妈是车间书记，也管着好几百号人呢，你爸是军官，但我们都是大老粗啊，到现在，我每个月才挣 38 块钱，都十几年了。你能不能争口气，使使劲儿，争取咱家也出一个大学生，也给你弟弟妹妹做个榜样！"

母亲的自卑感让我有生以来第一次失眠。从此我告别了心爱的画笔、画夹，辞去了学校美术组组长的职务，英文从 ABC 开始，其他文化课也几乎都是从零开始，每天晚上回家，要学习到深夜一两点钟。终于，我考上了大学……

而如何取得成就感呢？

首先，我觉得我们每一个人要有"接纳自己"的心态。所谓"接纳自己"，不仅是指要接受自己的优点和长处，还要接纳自己的缺点和毛病，尤其是对于自己来说不能改变且无法选择的事实，如家庭背景、长相、身材、肤色等，要百分之百地认可和接受，除此无他。不接受、不认可，那就是"自己和自己过不去"，这也是产生自卑的根源所在。

"接受"一词，英文为"Accept"，我们翻译过来一般为"接受、接纳、认可、收到"之意，但我总觉得还是不够味儿，有些不到位。沧州人有一句口头语儿叫"认头"，比如对待某些不利于自己的境遇和挫折，又不是自己通过努力可以改变的，"俺认头啦"不失为一种正确的认知；北京人常说的"哥们儿我认了",也是这样一个意思。

如果一个人敢于真实地面对自己,敢于接受自己目前存在的一切,承认自己的缺陷与不足,接纳自己的短处和缺点,他就敢于和自己对话,也敢于做深层的自我探索,从而觉得坦然,觉得踏实,觉得自己就是这么一个真实的人,我就是我,我就这样!他能够找到自己,也就完完全全地成了他自己,他对自己的一切都了如指掌,不再和他人做比较,因而也就更加喜欢自己、肯定自己并欣赏自己。而且,一个接纳自己的人更愿意去接纳他人、肯定他人,并产生拥抱他人的热烈愿望和冲动。

我们很难想象,一个不愿意接纳自己的人会去接纳他人,一个不喜欢自己的人会真心喜欢他人。所以说,我们首先要有"接纳自己"的心态。

当然,单纯"接纳自己"是不够的,在此基础上,寻找可以选择、可以改变的方向,并为之努力,方有成功的希望。

英文中还有一个词是"Act",即积极而有效的行动!

我有一个病人说得好:"大夫,我终于想明白了,'正常人'是'做'出来的,不是'想'出来的!"可谓一语道破天机。

马克思说过:伟人之所以看起来伟大,那是因为你在跪着,站起来吧!

"站"与"不站",如何"站",怎么"站",不正是强调"行为"的重要性嘛!

一个"站"起来的人,就不那么自卑了,因为,他和别人一般高了,起码,也矮不了多少!

○ ▶ ▶ ▶

■ Chapter nine

第九章　浮躁、空虚与实用主义

——中国人的信仰危机

空虚、迷茫的中国人

对于每个人来说，生活质量包括两个方面：一是物质生活质量，二是精神生活质量。与其他动物所不同的是，人类生活的本质，正是在于有精神生活。

"自我感觉良好"是美国心理学家斯考特在考察社会文化心理背景之后提出的"心理健康"标准，其可操作标准达数十条之多。

我们不禁会想：在当今中国社会，有多少人"自我感觉良好"？又有多少人"自我感觉不好"？

据我所知，"自我感觉不好"的人占到相当数量，不论是穷人还是富人，不论是官员还是学者，也不论是青年人、中年人或是老年人、男人或是女人，他们都在一定程度上存在着"自我感觉不好"这样一种心态。

具体说来，"自我感觉不好"者都流露出以下情绪与心态：

·感到空虚、迷茫，对现实生活失望或不满；

· 无奈、无助、无力又无可奈何；

· 缺乏真诚、信任，代之以敏感、多疑与戒备；

· 对未来感到不安全、不确定；

· 生活过于单调乏味；

· 不知所措、左右为难甚至无所适从；

· 怀旧，抱怨现状，却又无所作为。

从现象学的角度对以上情形进行描述和总结时，我惊奇地发现：上述各条都是"心理压力"，而且与"心理压力"的分类惊人相似，它们都是不利于个体心理健康的。而究其原因，我认为与"信仰""信念"有关，人们在一定程度上存在着"信仰危机"。

很多从国外回来的同学、朋友均有同感。一位旅居欧洲10年的朋友（她是心理学硕士，正在攻读博士）对我发出感叹：这次回国，最大的感受就是国内的人普遍都很浮躁，在每个人心目中，似乎已经没有什么神圣的东西了。

此言极是，而且一语击中要害。

对很多中国人而言，"神圣"已是个久违了的词，人们已不屑谈论信仰，谈论神圣，仿佛那是很久很久以前的事情了。即便有人偶尔谈起，反倒觉得自己成了另类，有"假崇高"之嫌。这又不能不说是一种悲哀！

现实的悲哀

· 拜金主义变得理直气壮，"谁有钱谁就是大爷"成为许多人的共识；

· 见义勇为的英雄，躯体在流血，心却在流泪，而大大小小的窃贼和妓女却一边点着钞票，一边偷着乐；

· "今朝有酒今朝醉"的理念正以短信的方式"忠告"着自己的亲朋好友，"端起碗来吃肉，放下碗就骂娘"，结果是：肉照吃，娘照骂；

· 给人送钱的多了，给人送书的却少了；

·买得起书的人很少看书，看书的人却买不起书；

·利己主义大行其道，变得冠冕堂皇，利他主义却觉得尴尬，四处躲藏；

·"事不关己，高高挂起"的人多了，"国家兴亡，匹夫有责"的人少了；

·持"我不好，你也不好"态度的人多了，持"我好，你也好"态度的人少了；

·抱怨、没好气、觉得全世界都欠他的人多了，反思、内省、觉得自己亏欠外界的人少了；

·指责、冲动、大发无名火的人多了，宽容、冷静、从容、心平气和的人少了；

·明知"不好"而为之的人多了，明知"好"而为之的人少了；

·"功利"的婚姻多了，纯粹的爱情少了；

·得过且过，混日子的人多了，励精图治，奋发向上的人少了；

·游戏人生的人多了，正直高尚的人少了；

·烧香、算命、抽签、看风水的人多了，自强、自立、自主、有自信心的人少了；

·没有曲直、是非观念的人多了，诚实、正派、正直的人少了；

·明哲保身的人多了，富有爱心与诚信的人少了；

·拼命索取的人多了，无私奉献的人少了。

……

　　说心里话，写到这里，我的心情十分沉重，痛心、无奈、沮丧、愤怒，可谓百感交集。

　　如果说以上我列举的现象是"临床表现"的话，那么，现在就需要一个"诊断"了。那就是：我们的社会，呈现出道德沦丧和道德滑坡，其核心就是存在着信仰危机！

　　所谓人的精神生活，就是做人要有信仰、有信念、有思想、有情感、有道德，并且通过努力，主动参与社会活动并取得成就，从而获得社会的认可。与此同时，也使个人的生理与心理需要得到满足，最终实现其人生价值。

在这种情况下，个人是满足的，不仅仅是低层次的满足，其高层次的被理解、被尊重同样得到满足，其精神生活是充实的，"自我感觉良好"，因而是健康的。

以上我列举的当今社会的种种"症状"，恰恰是人的精神生活得不到满足的具体表现，这就难怪许多人"自我感觉不好"，也难怪他们感到困惑、空虚与迷惘了。

实用主义的理念

从心理学的角度讲，认知（信仰层面）决定态度，而态度又决定行为，行为的后果决定着每个人不同的人生道路，由此可见信仰的重要性。

"认知"是一个心理学名词，指的是对人、对事、对外部世界的认识与看法。认知往往与态度、情感、意志和动机等其他心理现象并存，并构成人格的一部分。

每个人都站在自己的立场上以自己所看到、所听到或所知道的来认识周围的各种现象，因此，不同的人对同一事物会有不同的认知。

同时，认知又具有主观臆断性，不同的认知往往带来不同的态度与不同的行为。

认知是可以改变的，在临床上，这叫"认知治疗"，即通过改变病人对人生的看法，进而改善其所呈现的心理问题，包括情感、态度与行为等。

比如说，假如一个女孩子被流氓强暴（我们称之为事件 A），导致女孩子因没脸见人而自杀（我们称之为结果 B），表面看来，是 A 导致了 B，即：流氓把这女孩子毁了。细分析起来，却不是这么回事。

因为事件 A 总在发生，或者说，被流氓强奸的事件有很多，但并不是每一个被强奸的女孩子都会选择自杀，也就是说，这个女孩子选择自杀只是结果之一（即 B1），还可能出现：

结果二（即 B2）：女孩子很痛苦，但在家人的安抚下重新振作起来；

结果三（即 B3）：女孩子很气愤，立即报案，希望公安部门将流氓抓捕归案，绳之以法，以解心头之恨；

结果四（即 B4）：女孩子虽感屈辱，但碍于面子，忍气吞声，不愿报案，认倒霉吧，日子还要过下去；

结果五（即 B5）：女孩子受到重大打击，从此形成反应性抑郁状态，在家人陪同下来看心理医生。

我们还可以列出 B6、B7 等不同的结果。

为什么同一个事件会导致不同的结果呢？心理学给出的解释是：不是事件本身，而是事件发生后，当事人对事件不同的认知导致了不同的后果。

假如受害的女孩子持这样的认知——"贞节比生命更重要""饿死事小，失节事大""我还有什么脸见人""将来还能不能嫁出去"等认知，则可能会发生自杀的后果。

而显然，上述认知是错误的。

心理医生所要做的，就是纠正其错误认知，进而帮助其建立正确的认知，从而改善其态度、情感与行为。这个过程，就叫作认知治疗。

由此可见，一个人的认知是可以纠正和改变的。

那么，就当今中国部分人而言，他们又存在哪些错误认知呢？我认为较为突出和典型的有以下几种：

- 信仰不能当饭吃，还是实际一些好；
- 金钱虽然不是万能的，但没有金钱则是万万不能的；
- 吃亏不但不是"福"，有时简直是"灾难"；
- 未来很不确定，抓住今天是实实在在的；
- 各人自扫门前雪，莫管他人瓦上霜；
- 这世上就两种人——傻子和骗子，不想做傻子，那就做骗子吧；

·上有政策，下有对策，大家都这样；

·按游戏规则办事，不然就吃亏，尽管很俗；

·我原本就一俗人，也不想那么崇高；

·我是流氓我怕谁；

·好死不如赖活着；

·人生不就几十年，还是抓紧时间享受比较实际；

·什么因果报应，什么"头上三尺有神灵"，通通见鬼去吧。

典型的实用主义哲学！这就难怪当代有些人活得空虚、浮躁了，因为以上"认知"在支配着他们待人待己的态度和行为！

信仰危机的文化背景

从社会学角度来看，对一个社会而言，存在着一个价值判断系统，依次为：经济价值—社会价值—政治价值—审美价值—信仰价值。由此可见，经济价值是最低的，而信仰价值才是最高的。

马克思说过：任何宗教和迷信都是恐惧的产物。

需要说明的是，过去，在我们的印象中，宗教和迷信常常混为一谈，而事实上，两者是不一样的，绝不是一回事。

在人类无知识匮乏之虞的状况下，人类社会的文明进程也不时涌现出大大小小的危机，诸如2008年的汶川大地震，国际的冷战、冲突与核威胁，下岗、腐败、贫富分化、道德崩溃及社会治安不良，这都会给人们带来这样或那样的适应不良甚至惶恐不安。而应对这些适应不良和惶恐不安，宗教常常扮演着相当重要的角色。

有信仰的人，可以依自己的信仰思考人生的终极价值和意义，怀着对伟大事物毫不动摇的执着，来指导自己的言行；怀着一种神圣的责任感和使命感，来履行自己的义务。为此，可以不怕受苦受难，甚至不惜献出自己的生命！这是人生的最高境界，也是人生价值最有意义的体现。

假如你不信仰宗教，也不信仰这种或那种"主义"，起码"真""善""美"总是人类亘古不变的追求！

一个完全没有信仰的人，必然陷入虚无、迷茫、焦躁、不可知论、功利主义与实用主义的俗套。

在旧社会，民间的四大信仰是天（老天爷）、神明、祖宗与鬼。在儒、释、道文化并存的情况下，绝大多数的中国人是儒教的信徒，而孔子又基本上是个无神论者，在《论语·雍也》中，他曾经说过："敬鬼神而远之"，而在《论语·八佾》中，他更是主张"祭神如神在"，言外之意，不祭神神就不在，以至后人还以此作过打油诗：

祭神如神在，如不敬，也无碍。

祭神如神在，如不敬，神不怪。

儒家更主张一个人要在现世的社会"立德、立功、立言""修身、齐家、平天下"，鼓励人们投入现实生活并有所作为。

问题在于，儒家一直强调个人的道德修养，如"忠、孝、节、义"等，但假如人们做不到怎么办，它却没有一个可操作的惩罚标准；另一方面，在儒家传统中，道德伦理和超自然信仰体系是分开的，无论一个人是否修成道德高尚的"朝闻道，夕死可矣"的君子，还是"重利轻义"的小人，去世后无非都是"肉体入土，灵魂升天"。这一点，与西方的宗教如天主教和基督教就截然不同，后者更强调将一个人的信仰与现世的道德伦理融为一体，比如一个人如果犯了戒律，就会"下地狱"，而遵守戒律，并在实践上身体力行，则会"上天堂"。可见，西方宗教有着明确的"奖惩"制度。

也就是说，假如一个人在心目中没有任何值得"敬畏"的东西，没了惩罚，因而也就不再恐惧，做起事来也就无所顾忌，甚至"为所欲为"了，因为只有"天知、地知、你知、我知"。这句话的潜台词，其实从根本上讲，就是当"天"和"地"不存在，或即使存在，也不把"天"和"地"当回事！所以，由此所造成的道德混乱也就在所难免了。

道德痛苦与道德愉快

根据马斯洛关于人的五个层次需要的理论，人的低级需要（比如生理需要）替代不了人的高级需要（比如受到尊重及自我实现的需要），也就是说，一个人的低级需要得到满足并不意味着其高级需要也同样得到满足，这就可以解释为什么实用主义者或有钱人并不一定快乐，甚至反而在精神上感到空虚和无聊了。

道德情感是人的精神生活的最高层面。一个人从事神圣而高尚的事业可以带来心理满足，从而产生极大的愉悦感，是有利于心理健康的。反之，一个人从事卑鄙龌龊的事，尽管可以带来低级需要的满足，但在精神生活层面，是不利于心理健康的。

道德情感包括道德痛苦和道德愉快。下面分别做一介绍。

所谓道德痛苦，是指一个人在进行他自认为对别人有害的行为过程中，或者在看到自己的行为给别人造成了不利效应时，行为者由于自责、内疚、悔恨、自我否定而体验到的一种痛苦，尤其是当事人的行为并未被别人或外界察觉，也没有受到批评、谴责或惩罚时，这种痛苦就表现得更为强烈，这就是所谓的"良心谴责"吧。

由此可见，对于一个有良知的人来说，道德痛苦可以说是人生最大的痛苦，因而是不利于心理健康的。

人非圣贤，孰能无过。估计我们每个人都有过这种体验：记得我在上大学期间，向好友借了一本书，书名叫《名人名言录》。那时我正值人生观、世界观形成时期，书中的名言或催人上进，或洞察人情世故，或抨击时弊，令人拍案叫绝，我如获至宝。等我去书店想购买一本时，书已售罄，于是我做了一件很不光彩的事，对好友说书被我不小心弄丢了。为掩人耳目或怕别人发现，我又把写有他名字的扉页撕掉，把书压在箱底，趁假期偷偷带回了家。

这件事之所以令我记忆深刻，就是因为，虽然好友相信我的话，以为书真的丢了，可我的内心却一直在自责、内疚、忐忑不安，这令我痛苦不堪，几乎成为心病。

直到大学毕业二十年后，我这位好友来省会开会，同学小聚之际，我才坦白交代了此事，大家一笑了之，我也如释重负。

而道德愉快，则是指一个人在进行他自以为对别人有利的行为过程中，或者在看到自己的行为给别人带来了有利的效应时，行为者由于自觉其行为高尚、神圣，而产生的自我肯定、自我欣赏的一种愉快体验。尤其当这种利他行为并未被别人察觉，也没有得到表扬和奖励，甚至可能会因为外界的误解而遭受批评或谴责时，这种愉快感就表现得更加强烈。由于不但问心无愧，且行为本身纯属无私奉献，所以这种发自内心的自我肯定就愈发强烈，行为者也就愈发觉得自己崇高而神圣。

从这个意义上讲，道德愉快可以说是人生最大的快乐，也是精神生活最高境界的一种满足，因而是有利于心理健康的。

也是在大学时代，我在秦皇岛市第二医院实习。有一天夜里，来了一位消化道大出血的急诊病人，由于失血过多，病人的血压急剧下降，最后几乎测不到了，出现了失血性休克，急需输血。病人是 AB 型血，不巧的是，因白天手术病人多，血库里的 AB 型血全部用完了，而假如不赶快补血，病人随时都有可能因失血性休克而死亡。

这时候，我悄悄离开了现场，急忙奔向血库，用了一个化名献血，"来吧，抽我的血，我是 AB 型。"

看着刚从自己身上抽出的血缓缓输进病人的身体，他渐渐地从昏迷中苏醒，站在一旁的我无比欣慰。这可能就是一种"神圣"和"崇高"的感觉，一种道德愉快吧。

从这个意义上讲，那些平时坚信每个人都是自私自利的人，那些坚信"人不为己，天诛地灭"的人，恐怕终其一生，都体验不到真正的道德愉快，也感受不到他人产生道德愉快时那种"崇高"与"神圣"的体验。这样的人生，又如何能感受到精神生活的充实与心理满足的美好体验呢？！

因此，道德愉快是一个人心理健康最重要的特征，也可以说，一个人越是经常体验道德愉快，道德愉快越多、越强烈，其心理健康程度也就越高。譬如雷锋，譬如在汶川大地震中无私奉献的人民子弟兵，以及为灾区人民而"舍小家，为大家"，在余震不断的情况下，冒着生命危险进入灾区的各行各业的工作人员，以及无数默默奉献的志愿者，他们的行为就是崇高的，道德的。在这里，向他们表示由衷的敬意！

近年来，"作秀"一词从演艺界渐渐流入社会各阶层，几乎成为人们的口头语。"作秀"，原本指"故意做给别人看的"行为，现在几乎成了"伪善的崇高"的代名词。因为害怕别人说自己在"作秀"，很多人放弃了原本发自内心想做的崇高的事，因而变得"从众"，变得"随大流"，变得不再"出风头"，因此也变得不再崇高。可见，"作秀"一词的威力在于，它对整个社会风气的影响是极具破坏性的。

但是，我认为其根本原因还不在于此。

从本质上讲，在乎别人说自己"作秀"是一种"他人取向"。前面我们已经讨论过，这是过分在乎他人的看法与评价的一种不成熟甚至不健康的错误的认知取向与态度，是一种"他尊"，而不是真正的"自尊"。因为一个真正自尊的人，其认知、态度和行为是自主的而不是他主的。道德愉快的核心正是自我肯定，而不是期冀外界的肯定或表扬。只有"自我"发育还不成熟的小孩子才会过分在乎外界的看法与评价。

只要我们所做的事，平心而论，是利他的，或是既利己又利他的，还怕别人说什么呢？！这样的"秀"，我看还是多"作"一些好。

需要指出的是，只有道德愉快可以抵消一个人的道德痛苦。比如，一个在学校因做过"不厚道"的事而产生"道德痛苦"的学生，在汶川大地震中积极报名争当志愿者，且在灾区不怕苦、不怕累，服务灾民、运送伤员、无私奉献，从而自然而然地，在心理上产生更大更强烈的"道德愉快"，这种"道德愉快"，足以减轻或抵消其过去的"道德痛苦"，其心理健康水平也因此得到了进一步提高。

"去圣化"与"再圣化"

"去圣化"与"再圣化"是美国社会心理学家马斯洛提出的两个概念。所谓"去圣化",是指人们心目中不再有什么神圣的东西;而"再圣化",则是重新唤起人们内心的神圣感。

人是需要有敬畏之心的。

· 汶川大地震夺去了数万条生命,受伤者近 40 万人,在如此之大的自然灾害面前,人的生命显得如此脆弱与渺小,我们不得不敬畏大自然的威力。

· 一次去五台山的路上,我见过一个一步一叩首的朝圣者,他的膝盖已经渗血,汗流满面,目光里却透着神圣与虔诚,令我敬畏。

· 我的前辈与恩师许又新教授,治学严谨,虽在"文革"中当了 13 年"现行反革命",如今 80 高龄了,却依旧无怨无悔,辛勤耕耘在北大临床、教学、科研第一线,师风山高水长,桃李满天下,令我敬畏。

· 我的奶奶今年 96 岁,作为抗日家属,她历经战争的残酷,中年丧夫,老年丧子,但她用极其朴素的乡音告诉我:这世界就是这么个世界! 整个一个黑格尔口吻:存在的便是合理的。令我敬畏。

······

现实生活中,值得我们敬畏的人和事太多了。敬畏,可以使我们的言行得以自律;敬畏,可以使我们的心灵确定神圣的目标;敬畏,还可以使我们感受到自己的渺小,倍加努力地使自己变得崇高,从而实现自己的人生价值。

在日本讲学期间,有两件事给我留下了深刻印象:

一是在我讲演之前,日方问我有什么需要或要求,我说我需要一面中国国旗摆在我的身旁，因为听我讲演的，除了日本学术界的同道，还有中国留学生和当地新闻媒体的记者。过了一会儿，日方告诉我，一时不好找，是不是算了。我说不行，没有中国国旗我就不讲了！他们看我态度强硬，颇费了一番周折，终于在当地一个大企业的国际联络部找来了一面中国国旗。

我只是想证明：在这里讲演的是一个中国人！

还有一次，是在一个餐馆，大家热热闹闹、酒足饭饱之后，突然，一位日本官员领头唱起了日本国歌。当时在座的每一个日本人都立刻变得庄严而肃穆，那份投入与虔诚，只能用"神圣"两个字来形容。

那一刻，我感到敬畏，对一个心存"神圣"的民族，怎么能不令人由衷地敬畏呢？然而在国内，在朋友、同学或同行聚会时，我从未有过如此庄重、神圣的体验，也从没见过有人提议唱一首我们的国歌——《义勇军进行曲》。

是不是怕有人说我们在"作秀"？

至今，想起那天晚上的情景，我还是感到敬畏，同时还有些不安……

○ ▶ ▶ ▶

第十章　我们为什么要结婚

——中国人的婚姻误区

有一位心理学博士，都30岁出头的人了，还没有成家，有朋友劝他："都老大不小了，凑合着找一个结婚得了。"

他回答："再这么说我跟你急！我说过多少遍了，别的事儿都能凑合，唯独这件事我决不凑合，因为这是一辈子的大事！"

……

我同意这位小兄弟的看法，不愧是心理学博士，在大事上有立场、有原则，是"真爷们儿"！

是啊，试想我们每一个人，在父母的呵护下长大，及至结婚，绝大多数的人和自己的父母一起生活不过二十几年；而一旦结婚，将要陪伴你一同生活的人，恐怕至少也得和你一起生活四五十年吧。这样一个人生的重大选择，怎么可以凑合了事呢？！

国外有资料表明：去找心理医生寻求帮助的，有二分之一的人都是因为婚姻方面的问题。

国内尚无权威的统计数据，但在我就职的医院，可以说天天都有，而且常常是一天有好几个，凭我从事临床心理咨询20多年的经验，我觉得寻求婚姻帮助的人数有急剧上升的趋势。

有一点可以肯定，那就是有关婚姻方面的咨询，来访者绝大多数都是女性，而男性则寥寥无几，这可能与女性更看重婚姻和家庭以及更注重婚姻质量有关。

法国女作家，存在主义哲学的创始人萨特的终身伴侣西蒙·波伏瓦在其名著《第二性·女人》中曾说过："对于男人而言，爱情、婚姻和家庭永远仅仅是他们生活中的一部分，而对于女人来说，则是她们生命中的全部！"

平心而论，作为一个男人，我觉得她的话是对的，而且相当精辟。对于大多数男人而言，工作、事业以及个人价值的"自我实现"是永恒的追求，尽管爱情、婚姻和家庭同样非常重要，但绝不是生活的全部。像英国国王爱德华八世那样因爱美人而放弃江山的人，肯定只是个别现象。

近年来，"婚姻分析师"的兴起，正说明人们开始渐渐注重自己的婚姻质量，同时也表明现实生活当中婚姻问题大量存在，因为任何一门学科或职业的发展，其最根本的动力还在于社会需求。

本章讨论的内容，就是结合我多年的婚姻治疗经验，针对当今中国人在婚姻问题上存在的各种误区，包括现象、认知、态度和行为等做一番分析和研究，希望能对正处在"婚姻困惑"中的人有所启发和帮助。

我们为什么要结婚

这是一个人们看起来似乎都明白，但事实上并不真正了解和确定的问题。

"我也不知道，自己为什么稀里糊涂就结婚了。"这是朋友之间经常说起和听到的一句话，说这话的，有女人，也有男人。

随着社会的发展和观念的更新，人们的价值取向越来越多元化，很多过去只有在传统婚姻中才能获得的诸如性爱、亲密的两性关系、经济共享等功能，同样也可以在婚姻之外获取。所以，表面看来，婚姻作为私有制的产物，正面临着现代文明的巨大冲击，变得可有可无、无足轻重。但事实却是：我们当中绝大多数的人，最终还得走结婚这条路，步入婚姻的殿堂。

究其原因，尽管有些需要我们可以在婚姻之外得到满足，但在当前"一夫一妻"的婚姻制度中，要想寻求最亲密、最深刻、最持久、最安全又最合法的满足，也只有在婚姻内才有可能，而且，迄今为止，婚姻的某些职能是不可替代的。

作为爱情的结局，缔结婚姻，便成了我们大多数人的必经之路。这是因为，只有在婚姻当中，我们人性中的以下"需要"才可以得到最充分的满足。

1. 繁殖后代

中国传统文化中，"不孝有三，无后为大"已经深深地刻在了每个人的脑海里，"延续香火"几乎成为天经地义的义务和责任。"不能生育"似乎成了天大的罪孽，不论男方女方，因此而背负的自卑、自责、愧疚甚至自罪的心态是我们作为"正常人"难以想象的。在现实生活中，甚至有很多夫妻双方感情还不错，但仅仅因为对方"不能生育"就提出离婚，结果造成了很多人间悲剧。

另一方面，从"人性"的角度看，我们每个人都有"复制一个我"的原始冲动和愿望，人的生命是有限的，但通过"复制另一个我"，我们的生命可以得以延续。这一功能，恐怕只有在婚姻内才能得到实现。至于"包二奶"和"私生子"，因不合法，这里不做讨论。

2. 性爱

撇开其他任何道貌岸然的理由，性爱则是夫妻关系中最核心、最本质的内容。与其他动物不同的是：性爱的职能，不仅是为了繁殖后代，还是生活中最为重要的快乐与幸福的源泉。需要指出的是，性的满足不仅是单纯的生理满足，还是一种更高层次的心理满足。同时，性的满足又是人的基本权利。随着人们权利意识的觉醒，仅仅因性生活不和谐而离婚者逐渐增多。

3. 归属感与安全感

"我想有个家"，这句歌词所表达的正是人的这一基本需要。

没有家的人是孤独、寂寞、痛苦和不确定的，因为他没有归属感。如果没有法律上认可的"那张纸"，其他诸如"同居""情人""包二奶""第三者"等现象绝不会让人内心感到"踏实"，所以他们会不择手段，不惜一切代价，拼命力争，表面上看是为了"那张纸"，但究其根本，则是为了那一份心理上的"归属感"。

人们常常把家形容成"避风港"，因为只有在家里，人才会感到安全，可以不必扮演角色，可以不戴面具，可以充分暴露自己的本来面目，可以不再讲"互惠互利"，可以有一个人不和你计较，完全接纳你、包容你，因而你可以完全放松自己，整理自己，并给自己"充电"，以便投入新的"战斗"。

而假如一个人不想回家，那说明婚姻已让他感到不再"安全"，家也不再是"避风港"，在家里甚至比在外面"更累"，或者他的心已"另有所属"，或者外面有让他感到"更安全的地方"。

4. 欣赏

每个人都希望得到别人的欣赏，而我们决定要娶的人或是要嫁的人，肯定是自己最欣赏同时也最欣赏自己的人。彼此欣赏，也是爱情最动人、最令人着迷的魅力。遗憾的是，正是这一点，"来也匆匆，去也匆匆"，一旦进入婚姻，彼此的欣赏便趋于淡化或几近于无，于是，或是"白雪公主"变成了操持家务的"黄脸婆"，或是"白马王子"从"将军"变成了"奴隶"。随之而来的，不是彼此指责就是彼此抱怨，都声称自己"当初瞎了眼"。

其实，平素人们所追求的或是时尚报纸杂志所提倡的"爱情保鲜"，不过是企图保持对彼此的欣赏而已；所倡导的建议，也只不过是陈词滥调、雕虫小技而已，全不得要领，甚至误人子弟，诱人于歧途。

还是让我们来细细分析"欣赏"二字吧。

欣赏是对人或事物的一种高度肯定和绝对认同。"被欣赏"的人会由此产生一种巨大的心理满足。我们每个人也都会"喜欢"一个"喜欢自己"的人。所谓"女为悦己者容，士为知己者死"，就是这个道理。

所不同的是，男女之间虽然彼此欣赏，但欣赏的含义却是不一样的，尤其是在婚姻内，在夫妻之间。

男人欣赏女人，外在的东西多一些，比如容貌、身材，当然也有内在的品质，比如是否温柔、善良等。总的来讲，男方只要感觉女方可爱和可心就可以了。而女人欣赏男人，虽然外在条件是第一印象，但更注重的，则是男方内在的品质，如才华、品位、气质、修养等，就像买股票一样，看对方是不是"绩优股"，发展潜力如何，所以女方对男方的欣赏，多少有一些崇拜在里面。

简言之，稳定的和相对理想的婚姻，男方觉得女方可爱就 OK 了，而女方对男方，或多或少要有一些崇拜。

明白了这个道理，我们就不难理解：丈夫不再欣赏妻子，是因为妻子不再可爱了；妻子不再欣赏丈夫，是因为对丈夫不再崇拜了；而丈夫如果觉得别的女人更可爱，他就会"另寻新欢"；而假如妻子觉得别的男人更让她崇拜，她可能会"红杏出墙"。

所以，如果你想让爱情和婚姻保鲜，只有一个选择，那就是：做妻子的，让你的丈夫觉得你"一直很可爱"；做丈夫的，让你的妻子觉得你"一直令人崇拜"。

5. 理解与信任

虽然在婚姻之外，我们同样可以"被理解""被信任"，但想当初，当你决定要步入婚姻殿堂时，你所选择的肯定是最理解和最信任你的人。

理解，是一种设身处地的能力，是善解人意。信任，是不设防也不必戒备，是让你感到安全以至可以"和盘托出"。两口子吵架，不是经常把"别人不理解我，你怎么也不理解我"挂在嘴边吗？而假如夫妻间没有了信任，一方或彼此设防与戒备，这种婚姻的质量就可想而知了。而一旦其中一方在外面有了自我感觉"更理解"和"更信任"自己的人，想"不出事"都不可能。

6. 尊重

"尊重"二字，说起来容易做起来难。它是人与人交往的基本前提。我们不会娶或不会嫁一个不尊重自己的人，恰恰相反，正因为"最尊重"或"最被尊重"，我们才成了对方的"猎物"，晕晕乎乎地进入了婚姻。

尊重，意味着接受对方"原本的样子"，"他就是他""他就是这'德性'，不然就不是他了"。

彼此尊重，是夫妻双方一辈子的课题，因为当初之所以结婚，就是为了寻求一个能"一辈子尊重自己"的人。

生活中有很多模范夫妻，他们一辈子相敬如宾。

但更多的事实是：

· 一方对另一方不尊重，或彼此不尊重；

· 有意侵犯或窥视对方隐私就是不尊重；

· 家里有大事不和对方商量也是不尊重；

· 不尊重对方父母和家人同样也是对对方不尊重；

· 大男子主义和家庭暴力是对女方的不尊重；

· 母老虎式的妻子和性惩罚是对男方的不尊重；

· 过分苛求对方按自己的意愿发展和成长，或试图改变对方、控制对方、制服对方，这同样是一种不尊重。

7. 珍惜和牵挂

"我爱你"这三个字中的"爱"，完全可以用"珍惜和牵挂"来替代，其确切的含义是：我"最珍惜"你，也"最牵挂"你！谁能经得起如此的诱惑，不与对方携手跨入婚姻的殿堂呢？

我们同样会珍惜与牵挂其他的人，但最珍惜和最牵挂的，肯定是我们的"最爱"。

在婚姻中，彼此的欣赏可能会渐渐消退，代之以白眼甚至反目，但珍惜与牵挂却往往伴随终生，甚至即使一方"另有所爱"，在他的内心，最珍惜和最牵挂的，肯定还是婚姻中的另一方！这也是婚姻的魅力之一。

如果婚姻中的一方对另一方或双方彼此都不再珍惜和不再牵挂了，那这样的婚姻即使能勉强维持下去，也是名存实亡了。

8. 成长

人的一生，就是一个不断成长的过程。结婚是让一个人快速成长的手段。但结婚又不是终点，结婚了，我们还要继续成长。所以，当初选择相爱的对象时，每个人都会在内心权衡：我眼前的这个人，能不能帮助我在将来更好地发展和成长？

虽然婚姻以外的人同样可以帮助你成长，但真正对你"一心一意"甚至"死心塌地"地帮助你挖掘潜能，以实现自身价值的，肯定是婚姻中的那个人。所谓"军功章，有我的一半，也有你的一半"，正是对这一事实的真实写照。

以上就是"我们为什么要结婚"的道理所在。

需要指出的是，这八种"需要"在婚姻内满足的程度与否，是我们判断一个婚姻好坏或理想与否的重要标志。正如"心理完全健康的人"一样，"理想的婚姻"也永远只是一种"理想"，是我们孜孜以求的目标，在现实生活中是不存在的。

如果其中的一小部分"需要"得不到满足，我们可以说，这是"问题婚姻"；

而如果多数"需要"得不到满足，那肯定是"婚姻危机"了；假如这八种"需要"在婚姻内全都得不到满足，依我看，这个婚姻已完全没有必要再维系下去了，离婚对双方来说都是一个解脱。正如恩格斯所说："没有爱情的婚姻是不道德的婚姻。"你可以不听我的忠告，但伟大领袖的话，尽管过去一百多年了，仍然是真理，还是听的好。

为父母"娶媳妇""嫁姑爷"

对于处在婚姻误区中的中国人来说，这种人恐怕是最可怜也最可气的了。说其可怜，是因为他从一开始就没有为自己活，没有娶（或嫁）自己心爱的人，而是为了迎合父母的意志，嫁给（或娶）了一个父母称心如意而自己根本就不爱的人。道其可气，也正是因为对多数人来讲，一生只有一次的婚姻大事，他竟然主动放弃自己的权利，把命运交给他人支配，结果一错再错，抱憾终生，而且害人害己。

有一个26岁的小伙子，人长得蛮帅，而且高高大大，身材魁梧，大学毕业，搞软件设计的，收入也高。

用他自己的话说，对象搞了不少，从上大学开始，一直到毕业之后，自己追的，别人上赶着追自己的，还有亲朋好友介绍的，算下来至少有一个加强班了。这其中有两个是他中意的，和其中一个还爱得死去活来，差点为对方跳楼，好不容易重归于好，但带到家里却遭到父母的坚决反对，为此，他还曾离家出走，和那个女孩一起在外面租房子住，尽管如此，他的父母还是不同意。

他的父母是高级知识分子，不同意的理由是嫌那个女孩长得不够漂亮，又"不会来事儿"，而且家又是农村的，门不当户不对，生活习惯不同，将来肯定过不到一块儿，且女方家经济情况不是很好。

他自己倒十分乐意，女孩虽不漂亮，但活泼可爱，他自己较憨较刻板，正好互补；而且女孩善解人意，吃苦耐劳又不图虚荣，是个过日子的人；

至于她家里困难，这也不是问题，因为他收入比较高，适当补贴一些也不伤筋动骨。

为此，他和父母僵持了很长一段时间。

后来，还是父母沉不住气，使尽浑身解数，动员所有亲朋好友做他的工作。最终导致他妥协的，还是他母亲的眼泪。无非是从小一把屎一把尿把他带大，如何如何不容易，妈妈所做的一切又如何为他好，如果他一意孤行，就和他断绝母子关系，等等。

经过母亲的软硬兼施，他终于妥协了。他说自己最大的缺点就是性格懦弱，和外表反差太大。

很快，父母的同事又给他介绍了一个对象。女孩人长得漂亮，也门当户对，还十分"会来事儿"，哄得他父母很开心。很快，他们就结了婚；也很快，就有了孩子；当然也很快，他来看心理医生了。

原来，他对现在的妻子从一开始就"没感觉"，只是为了迎合父母才委曲求全，他原以为感情可以慢慢培养，却不料，几年下来，女方的霸道、娇气令他无法忍受，最要命的是，他的父母也渐渐察觉到女方的这一毛病，婆媳关系也因屡次冲突而搞得十分紧张。为此，他痛苦不堪，经常怀念过去的女友，经常有家而不愿回，经常有一种"想犯错误"的冲动……

他明白，这一切后果，都是他放弃选择（当然也是一种选择）的代价……

为了结婚而结婚

小莉是个大龄青年，都快 30 岁了还没有结婚，眼看着自己的大学同学和闺中密友都已经当上了妈妈，自己却仍然孑然一身，自己着急，爸爸妈妈更是着急。于是她做出决定，无论如何，一年之内要把自己嫁出去。

小莉性格开朗，在做出这个决定之后，她只要见到亲朋好友，就死缠烂磨，哭着喊着让人家给自己介绍对象。终于，她碰到一个"差不多的"，于是很快就把自己嫁出去了。

但婚后小莉才发现，对方并不是自己喜欢的那种男人，人老实，学历也高，倒是与她"相敬如宾"，可她却感觉两人在一起"别扭死了"，哪里像两口子，分明就像住在软卧包厢里的异性男女，话不投机又无法沟通。

来看心理医生时，她直言："别说一点点崇拜了，我压根儿就瞧不上他，一想要和他过一辈子，我连死的心都有！"

这是典型的"为了结婚而结婚"所酿的苦果。

究其原因，害了小莉的，还是她脑子里的"他人取向"：因为别人都成家了，自己都这么大了还没结婚，别人会怎么看，怎么议论，父母又会多么着急。为了别人，她牺牲了自己。

其实爱情这东西很奇怪，你越着急它越不来。

还是那位心理学博士说得好："别的事儿都能凑合，唯独这婚姻大事，我决不凑合，因为这是一辈子的事儿！"

看来，有些事不是"应该""不应该"，还是要自己喜欢才好，做自己不喜欢的事，注定是一场悲剧。

结婚恐惧症

小雅是个腼腆、内向的农村女孩，今年 23 岁，再过 4 天就要办喜事了，而她却愈发紧张、不安，莫名其妙地焦虑和心悸，不得已，在父母和妹妹的陪同下来看心理医生。

经了解，这个婚姻虽由父母做主定亲，却也不属于包办，两人认识之后，也曾多次约会，男方家里经济状况良好，小伙子也算厚道、实在、能干，两人还一起去县城高高兴兴地拍了婚纱照。只是随着结婚日期的来临，小雅莫名其妙地紧张和恐惧起来，严重的时候甚至不愿见人、不愿出门，有时以泪洗面，晚上还经常做噩梦。

在与小雅单独会谈时，医生了解到，小雅的父母感情不好，从她记事起，父母不是吵就是闹，父亲还经常动手，这在她幼小的心灵里留下了创伤。

她的父亲在村里也算是个能人，对外人也特别实在、厚道，因此口碑很好，只是在家里像个暴君，与在外人面前判若两人。而她的男朋友又很像她父亲，虽然现在对她很好，但她一直很害怕，担心万一结婚之后她也落个她妈妈那样的下场，因此，随着婚期的临近，她的不安全感、不确定感和恐惧感与日俱增……

医生给她的诊断是"结婚恐惧症"。

可见，家庭环境和父母关系的好坏对孩子心理的影响很大。父母感情不和，家里总是硝烟弥漫，无疑会使孩子对自己未来的婚姻产生怀疑和恐惧。父母是孩子最早的老师和榜样，父母的不良言行将会给孩子未来的人生带来巨大的不良暗示，从而导致这样或那样的心理障碍。

还有一种常见的"结婚恐惧症"，那就是对性生活的无知和恐惧，发病者也常常是农村封闭落后地区文化程度较低的女性。许多年前，有一位农村新娘在家人的陪同下来找我咨询，新娘泪流满面，委屈万分地向医生诉说："大夫，我没想到我丈夫是一个流氓，他，他想和我干那种事儿！"真让我哭笑不得。可见，普及性生理与心理卫生知识是多么迫切和重要。

还有一种情况也比较普遍，那就是：有很多离异女性"一朝被蛇咬，十年怕井绳"，由于上次失败的婚姻让她吃尽了苦头，因此断定"世界上没有一个好男人"，或是"婚姻就是那么回事儿"，于是拒绝再交男朋友，甚至拒绝和男性接触，即便交友也绝不结婚。更有甚者，自以为"看破红尘"，因而自暴自弃，或是和几个"同病相怜"的女友成天吃喝玩乐；或是"禁情不禁欲"，风流放荡，男朋友换了一个又一个，但没有一个是真心想和人家结婚的，完全一派游戏人生的态度，这其实也是"结婚恐惧症"的表现。

我们常常把夫妻称为"配偶"，与谁相配，带有相当大的偶然性。一位哲人说得好："选配偶就犹如在树上摘苹果，可能你摘的第一个苹果是苦的、涩的、坏的，但不要气馁，继续摘，下一个就很有可能是又香又甜的好苹果，毕竟，树上的好苹果还是比坏苹果要多得多。"

没错，"好苹果要比坏苹果多得多"，请继续摘。

追究对方的过去

小伟是一名公司职员，大学毕业，工作还算顺利。

一天，他来找心理医生：

"我是鼓起很大勇气才来看心理医生的，一来我怕别人说我'有病'，因为大家对心理咨询还不太认识和了解，以为看心理医生的都'有病'，我上大学时学过心理学，所以知道不是那么回事；二来我的事真是难以启齿，可我又太痛苦了，所以犹豫了很长时间，最终我还是下定决心来看医生……

"事情是这样的：我和我爱人是经别人介绍，也是自由恋爱结婚的，各方面感觉也挺好，结婚三年了，孩子快两周了，是个男孩，长得像我，聪明又可爱。

"我家是农村的，她家是市里的。她人长得漂亮，对我也挺好的，别人都羡慕我，我也觉得捡了个宝。总之，我觉得自己挺顺的，挺幸福的。

"事情发生在半年前，她过生日，我在家做了几个菜，想给她好好庆祝一下，她很高兴。我们俩喝了有一斤白酒，我故意让她多喝点，我有我的目的。因为在我心里一直有个阴影，洞房花烛夜，她没有出血，我就怀疑她不是处女，所以我就想趁这次她过生日，让她多喝一点，俗话说，酒后吐真言嘛，大夫，我这样做可能不太厚道。

"因为高兴，她真的喝多了，而且话还特多，我就借机套她的话。我这一问不要紧，她立马就哭了，哭得特伤心，而且把以前的事都说出来了。她说她对不起我，不该隐瞒和欺骗我，以前她的确有过男朋友，而且还同居过，她特爱他，说那个人和我属于完全不同的两种类型，后来那个男的移情别恋，把她甩了，为此她吃过药自杀，被抢救过来了，后来遇到我，当初并不爱我，看我是农村出来的，又是大学生，人也老实，就嫁给我了，后来真的对我有感情了，尤其是有了孩子之后，就决定开始诚心诚意和我好好过……

"她说她也一直觉得老这样瞒着我自己挺内疚的，说今天高兴，说出来就痛快了，她还说她现在是犯人，我是法官，等着我判决，我要是在乎，那就离；我要是能原谅她，她就一心一意和我好好过……

"我当时的态度？我当时表现得挺大度的，也特绅士，我说没事儿没事儿，都是过去的事儿了。她特感动，抱着我又痛哭了一场，不过她说，这是高兴的哭……

"是挺好的。你听我说啊大夫，等到第二天，我越想越不是滋味，总觉得自己亏，有一种上当受骗的感觉，心理上不平衡，尤其是她和别的男人有过那种关系，而且还同居过，我脑子里就开始胡思乱想，像放电影一样，甚至想象着他们两人在床上怎么样怎么样，一幕一幕地想得特细……然后就觉得她特别脏，从那以后，一直到现在，有半年了，我都没有碰过她……

"是啊，我当时是说过不在乎，表现得挺大度，她当时还竖起大拇指说我是'真爷们儿'呢，但我那是装出来的。其实我这个人挺小心眼儿的，我可以装给她看，可是我发现我骗不了自己。

"她意识到了。我说我这一阵儿工作忙，挺累的，不想干那事儿，其实她挺聪明的，两人都心照不宣。

"我觉得她也挺痛苦的，她也应该来看心理医生，因为有几次我回家发现她在哭，有时夜里还哭醒……

"我这次来的目的？说心里话，这事儿我跟谁都没说过，不管是我父母还是我铁哥们儿。一来我觉得说出来自己挺没面子的，好像自己捡了个别人不要的破烂；二来我还没做决定，一直很矛盾，离吧，将来她怎么过？她曾经自杀过，将来别人问起她离婚的理由，她怎么说？再说，她已经'悔过自新'了，而且我相信她说的是真话，将来肯定会一心一意跟我过一辈子，我要是和她离了，她这一辈子就算完了，我又不忍心。尤其是我儿子，我也舍不得，还不到两岁就会认字了，特聪明，我家里就我儿子这么一个男孩，他爷爷奶奶也把他当命根子……

"可是不离吧，我又老过不去那个劲儿，当初她为什么要瞒着我，我老觉得心里不平衡，再就是觉得她脏，所以特矛盾、特痛苦。大夫，你说我该怎么办呢？"

······

我首先肯定他是一个挺负责任的男人，因为假如他是一个不负责任的人，就不会这么矛盾，也不会这么痛苦。然后帮助他分析他的心理冲突，主要是"趋避式冲突"，这是导致他矛盾和痛苦的根源。

显而易见，其根本的认知误区在于"我有权利追究她的过去""她不该瞒着我"。起码现在他们彼此是真心相爱的：她爱他，他也爱她。

在婚姻中，我们任何一方都没有权利追究对方的过去，所能把控和珍惜的，是现在和将来。当心理冲突出现后，只能权衡利弊，做医生的也只能帮助当事人分析，而不是帮助他做决定。选择和决定，只能由当事人自己来做。不完美是人生的常态，理解、包容、珍惜和尊重是爱的内涵。

几天后，他和他美丽的妻子一起来向我道谢，显然，他已经做出了正确的选择。

彼此缺乏沟通

"你不理解我！"男方说。

"你才不理解我呢！"女方说。

"你有病！"男方说。

"你才有病呢！"女方说。

······

上述情景，是在我的诊室里经常上演的一幕。

夫妻二人当着医生的面，重复着家里的场景，彼此指责和抱怨，他们来这里的目的，不过是希望医生帮他们做一个公正的判决，主持公道。

我只能声明："清官难断家务事。"而且，我不是法官，我只是一名医生。

我会感谢他们对我的信任，并请其中的一方先出去，一个一个来。于是，"公说公有理，婆说婆有理"。男人多半余气未消，历数妻子的"罪状"：不通情达理、不顾全大局、对自己父母不好、不是孩子的慈母等，而且，还拉我做统一战线：咱们都是男人。相对来说，男人比较理性，女方则多半是一把鼻涕一把泪，开始数落丈夫的罪过：不顾家也不顾孩子、打着工作的旗号吃喝玩乐、自己又怎么委屈怎么不容易……

看似棘手和令人头痛的家务事，我常常会"判"得让双方"心服口服"。

我会全神贯注地听他们倾诉；我会设身处地地理解任何一方的委屈、愤怒与不满；我会夸奖和肯定任何一方的功劳、辛苦和不容易；我会向一方询问另一方有没有什么长处和优点；我还会试探性地询问任何一方自己应该负哪些责任；当然，我还会肯定他们对自己的婚姻还有信心，不然就不会来找心理医生，而是去找律师了。

最后，我把他们都请进来，当着双方的面把刚才分别谈话的内容毫不"贪污"地"和盘托出"，并帮助他们制定一个双方都能接受的"目标"，然后双方都满意地走了。

我发现，我所做的一切，不过是帮助他们沟通而已。尽管他们也在沟通，因为吵架本身也是沟通的方式之一，只不过这种方式是破坏性的，而不是建设性的，是感性的，而不是理性的。

有一则西方故事，说的是老两口50年金婚，阖家欢聚，孩子们买来了他们都爱吃的蛋糕，这种蛋糕其实很普通，一半是奶油，一半是巧克力。

老头儿高兴，对大伙儿说："我和你妈过了50年，我一直让着她，每次我都把她爱吃的奶油留给她吃，我吃自己并不爱吃的巧克力，今天我也自私一次，我吃一次奶油，让她吃巧克力！"没想到，老太太哭了："老头子，我一直以为你爱吃巧克力呢！其实我不爱吃奶油，我死去的妈都知道我爱吃巧克力，都想了50年了，今天我终于如愿以偿了。"

……

都想当"老大"

权力是社会政治生活的最高表现形式，政治斗争说到底就是权力之争。

我们常说在婚姻中两个人性格不合是"针尖对麦芒"，说穿了，不过是家庭内部的权力之争，因为双方都想当"老大"，都想当"政委"，而谁也不想当"副政委"。

老梁是一家大公司的老总，他的妻子是某商场的董事长。因为婚姻的苦恼，老梁来看心理医生：

"我们俩是大学同学，那时我是学生会干部，她是校花，可谓郎才女貌，让别的同学羡慕不已。

"毕业不久我们就结了婚，我们俩都是争强好胜的人。我从公家单位出来下海，自己白手起家，创办了一个小公司，当时别提有多难了，为此甚至一片一片地掉头发，你们医学上叫'斑秃'，老百姓叫'鬼剃头'，那时我才知道什么叫'焦头烂额'。可是不管怎么说，风风雨雨的，公司越做越大，才有了现在的规模，每年产值上亿……

"好，还回到刚才的话题，事业上再苦再难我不怕，男人嘛，总要干一番事业，我最欣赏毛主席那句话：'与天斗其乐无穷，与地斗其乐无穷，与人斗其乐无穷'……

"噢，又扯远了，总之事业还算顺心，挺有成就感的。我来找你的目的，主要是解决婚姻方面的问题。我们开始感情挺好的，我主外，她主内，相夫教子，孝敬老人，她做得都挺好的，在单位人缘、口碑也好，每年民主评议她都是第一名。由于工作认真负责、勤奋踏实，群众基础又好，领导就让她当了一把手。从那以后，我们家就不像个家样了：她忙她的，我忙我的，有时孩子也没人管。我一再对她讲，你那是公家的企业，多干又不多拿钱，我这公司才是咱自己家的，要分清轻重缓急，可她就是不听，还说我思想觉悟低。

"最要命的，是家里的大事小事都要她说了算，甚至我公司的事她也乱插手，弄得几个副总都没法工作，不知道听谁的好。为此我们经常吵架，可以说是三天一小吵，五天一大闹，我都觉得对不住孩子。我也是有知识、有文化的人，知道这样对孩子心理的创伤有多大，因为我父母就经常吵架，小时候看他们吵架，我连死的心都有……

"有一次我还动了手，打得她鼻青脸肿的，当时我实在控制不住了，当然打人是不对的，后来我也赔礼道歉，还写过保证书。但我发现动手以后，我把她彻底伤了，我们的冲突更频繁了。没办法，我就搬到单位住，我惹不起还躲不起吗！有时一住就是几个月，连我们单位的人都觉得我挺可怜的，可她从没主动说过让我回去，从没给过我台阶下，男人都是要面子的，好几次都是我自己回的家，然后又是吵，又是她让我滚，因为我们住的是她单位的房，我就又搬出去……

"我觉得？我不知道我们的婚姻还有没有救？所以才来找你。

"我？我当然有责任，大男子主义、工作狂、家庭暴力，但我所做的一切不都是为了这个家吗？为了让他们娘儿俩过上更好的日子吗？我从小苦怕了，穷怕了。

"噢，还有，好男不和女斗，男的应该让着女的，在这方面我做得不好，可能是从小在家当老大吧，在学校又一直当学生干部，霸道惯了，什么事都想自己说了算，现在在单位又是一把手……我知道我有毛病。

"可是，她从来都没认过错，她认为一切都是我的错，她一点儿错儿都没有。她这人一直自我感觉良好，我承认她是挺优秀的，那是在外人面前，对谁都好，只要一到了家里，就像换了个人一样。

"对对对，又是抱怨，我现在可能也变态了，在公司对部下也没好气，有时无缘无故发脾气，其实屁大点儿小事，自己就是控制不住，过后又后悔。"

我问他可不可以请他的夫人来一趟。

"让她来？门儿都没有！她才不会看心理医生呢，人家一直感觉自己什么都是对的，说我'有病'，让我看心理医生……

"我按你说的做做试试吧，但说实话，大夫，我觉得我们的婚姻快走到尽头了，我一点儿信心都没了。"

……

他再没来过，凭直觉和职业的敏感，我觉得如果他们双方都不改变的话，他们俩缘尽了。

有时候，两个好人不一定能够做好夫妻。

"比翼齐飞"，有时可能永远只是一种美好的理想……

不重视身体语言

我们的语言可以骗人，但身体语言不会。

对我们喜欢的人或物，我们会不自觉地接近，拉近彼此的距离；有时还会情不自禁地用手去抚摸，比如婴儿，比如物品，比如自己所爱的人……反之，我们对自己讨厌的人或物，也会情不自禁地"敬而远之"。

判断一对夫妻感情好不好，去看他们之间的身体距离，相互看着对方的眼神，以及肢体语言的交流和接触的多少就可以了。

若是两个人经常手挽着手，或是身体总是不自主地依偎在一起，或是一方总是用爱惜或欣赏的眼神注视着对方，那肯定是甜蜜的一对。

反之，如果两个人总是不自主地保持一定的距离，或是一方对另一方不屑一顾，甚至是"白眼"或"斜眼"瞧对方，那他们之间的关系就要打上问号了。

国外心理学家曾断言：如果夫妻两人每天拥抱十分钟，婚姻肯定就不会出问题。

这话是有点夸张，但不是没有道理。

我经常说：咱们中国人都有皮肤饥渴症。

由于文化背景的不同，中国人不善于通过肢体接触来表达感情和爱意，尤其在大庭广众之下，认为那样"有伤风化""不雅"，而作为动物的本能需要，我们的肌肤从小就一直没能得到满足，一直就饥渴着。

夫妻之间，原本是"无话不谈、无事不做"的，但也因受传统文化之影响，彼此爱得"含蓄"而"深沉"，不敢或不愿在外人面前表露彼此之间的亲热动作和行为，这实际上是一种"障碍"。

因为经由彼此的接触与亲密动作和行为，往往不仅可以满足彼此身体饥渴的需要，还可以对相互间的感情有着"潜移默化"的促进作用。所以，身体的接触不仅是一种生理上的低级满足，同样也是一种心理上的高级满足。

"文明"和"本能"，有时并不矛盾。

既然如此，我们何乐而不为呢？！

性惩罚

以性要挟，作为惩罚对方的手段，这是很多女性常用的伎俩。殊不知，这种手段极为低劣，且有可能"害人害己"，酿成后患。

小蓓是位中学教师，丈夫是一家公司的中层干部，她来找心理医生，诉说心中的苦闷：

"大夫，我现在最怕得艾滋病，怕得要命。每天总是不停地洗手，一开始洗两遍、打两遍香皂就可以了，后来改成四遍、八遍、十多遍，不然心里就不踏实。自己也知道没必要，可就是控制不住……"

显然，她患的是"强迫症"。

"从什么时候开始的？大概有四个多月了吧，我丈夫从南方出差回来，得了性病，花好多钱才看好的。

"我们夫妻感情不好，从一开始就不好，可能我从一开始就有点看不上他吧，婚后经常吵架……

"然后？然后我就不理他，反正他是男人，他有那个方面的要求，他有要求了他就给我服软，我就满足他一次。然后不知为什么事又吵，我就又不理他，不让他干那事儿，过一阵儿他就又开始求我……

"后来他出差回来，跟我坦白，因为瞒不住了，那地方往外流脓水，他还得跟我要钱看病，这种病见不得人的，他又不好意思跟人借钱……

"我有什么责任？又不是我在外面干了坏事！"

……

我真不相信她还是受过高等教育的人。

后经多次分析与疏导，她终于明白了：性的需要是每个人的基本权利，任何人不得以任何方式予以剥夺。

丈夫"干坏事"固然不对，而且属于违法行为，但妻子对此也要承担一定的责任。

夫妻有矛盾和冲突是正常的，要通过合理的沟通、协商等正常途径解决，而不能采取这种"性惩罚"的手段。

配合一定的药物治疗，她的强迫症也好了。

婚外恋

这种现象在当今中国社会越来越多见，我之所以称之为"婚外恋"而不是"外遇"，是因为这种现象常常的确是一场"热恋"，是一段"真情"。

下面，我们来看一个典型的案例：

老高是某大企业的总工程师，博士，今年 48 岁，事业有成，收入颇丰。

"大夫，不瞒你说，这两个月我都快崩溃了，我非常需要你的帮助……"

他的态度非常诚恳，但从他紧蹙的双眉和焦虑的表情看来，他的确非常痛苦。

"对，大夫，你判断得非常正确，是感情问题。我可以抽支烟吗？好，谢谢！简单说来，就是我现在又陷入了另一份感情，一个女孩，这个女孩为我要死要活的，我现在是左右为难。"

"你爱人知道吗？"

"知道，正因为她知道了，现在她也要死要活的。"

"处于这种境地，对于一个男人来说，恐怕是最狼狈的时候了。"

"没错，要不我为什么来找你，我真的快要撑不住了。"

"不至于，我们有处理这种问题的经验。别着急，你从头讲，我需要先了解一下大致情况。"

"好的，听你这样说，我心里就踏实点儿了。是这样，我在一个大型国企工作，我爱人是一所科研单位的，我们有一个儿子。我老家在南方农村，我和我爱人是研究生同学，她家是这儿市里的。我们家有房有车，生活谈不上幸福，也还算平静。她是那种典型的传统知识分子，没有什么情调，工作也相当认真，最大的毛病可能就是爱指责、爱抱怨、爱唠叨。不管你干得多么好、多么优秀，或是挣多少钱回家，她从来没说过赞赏或感恩的话，哪怕是一句'你辛苦了'也会让人心里感到温暖吧，但她从不，有的只是没完没了的抱怨和指责。我曾经形容她'不指责不开口，不抱怨不说话'，够形象的吧。再有就是我家是农村的，她家是城市的，卫生习惯方面不太一致，她比一般城里人还爱干净，我觉得她都有些洁癖了，最主要的是，我感觉她和她家里人从骨子里就瞧不起我们农村出来的。

"扯得有点远了，对不起，大夫，耽误你时间，如果时间超了，我再去补交一份咨询费，现在钱不是问题……

"事情是从去年秋天开始的，我们单位分来一批大学生，其中一个女孩叫文静，人也长得文文静静的……不漂亮，说实话，要论长相，还真没我太太漂亮……

"文静今年25岁，对，去年24岁。她们来的时候，我给她们讲过几次课，这是后来她对我说，她当时特崇拜我，觉得我讲得比她们大学里的教授讲得还好，我倒没太注意她。她们住集体宿舍，有一天晚上我加班，在办公室画图纸，突然收到一个短信，上面就一句话：老师，您要注意身体。

"对，号码很生疏，也没留姓名，我当时想可能是她们当中的一个，而且凭直觉很可能是个女孩，于是就礼节性地回了俩字：谢谢。过了一会儿,她又发过来一个信息:老师,请您猜猜我是谁?我又回了一个:对不起,我真的不知道,但我想你一定是个可爱的小女生。真是鬼使神差,我当时也不知道自己怎么会和她'调情',这些都印在脑海里,记得清清楚楚,因为可能反复回想过多少遍了……

"后来她又发了一条:老师,我是新分来的文静,听过您的课,我们都可崇拜您了。看到这些,我心里特满足,可能是一时冲动,也真是鬼使神差,就又回了一条:谢谢你,可爱的小文静!但她长什么模样我还不知道呢。不一会儿,我又收到她的信息:老师,我好饿哦,您请我吃夜宵好吗?您也累了,休息一会儿。那会儿已经是晚上 10 点多了……

"去了,我还想用'鬼使神差'这几个字,大夫你说我都快 50 岁的人了,怎么还这么冲动,当时我心跳得厉害,当初和我爱人搞对象都没这么心慌过。剩下的事大夫你也可以想象出来了,我们单位门口有几个小饭店,但我怕碰到熟人,便和她一起打车去了一个酒店,那天晚上我们俩都喝多了,我没有回家,她也没回宿舍,我们在酒店开了个房间……

"对,是太草率了。那几个月,我开始经常不回家,当然是以工作加班为理由。在她面前,我感觉特好,因为从来没人这么欣赏我、崇拜我,只有在她面前,我才觉得自己是个男人,而且是男人中的佼佼者,我特满足……

"噢,她不是处女。她很坦白,她说她在大学里处过一个男朋友,后来毕业就分手了。

"承诺?不,没有,当时她说她不要我做任何承诺,只要能和我在一起就感到特别幸福。

"她真的挺容易满足的,给她买一件一百多块钱的衣服,她就高兴得跟什么似的,看她高兴,我也特高兴。我老婆就不,有一次我出国回来给她买了一套几千块钱的化妆品,她都没什么反应,让我挺失望的。

"持续了多长时间?大约有三四个月吧。对,偷偷摸摸地,也提心吊胆,既怕老婆知道,又怕单位知道了自己身败名裂。因为我从农村出来打拼到今天,有了这一切,多不容易啊!她没事,我发现她的心理素质比我强多了。

有一次她去办公室找我，正好我办公室有人，我脸红心慌，紧张得不得了，可是她跟没事儿人似的，大大方方，谈笑风生，特自然，让别人什么也看不出来。有时她还故意搞恶作剧，当着好多人的面，一边喊高总、高老师，一边还故意挎着我的胳膊，好像我俩就是师生关系，挺可爱的……

"这些事儿我从来没对任何人说过，今天放开了谈，说出来，心里也挺痛快的。后来，单位倒没事儿，还是被我老婆发现了……

"一开始她什么也没发现，就是以为我忙。我们又是同学，她了解我这个人是个工作狂，从来没有其他乱七八糟的事，尤其是男女之间，我是非常注意和小心的，不是我没这贼心，是没贼胆。我除了抽烟，偶尔应酬喝一点儿酒，不打牌，也从来不去歌厅、洗浴中心之类的地方，所以她对我一直非常信任……

"可是有一次，趁我洗澡，她偷看我的手机短信。正好那天忙，我忘了删。开始，我爱人还真行，不动声色，等吃完晚饭，孩子去睡了，她把我叫到房间，问我：是谁和你这么亲热，管你叫'老公'啊？当时她那声调，不阴不阳的，特吓人，我一下子就蒙了，脑袋也大了，我知道，这一天还是来了。

"对，坦白了，都坦白交代了。那天她跟疯了一样，歇斯底里发作，那真是歇斯底里，把孩子都吵醒了，所以孩子也知道了。她说她早就怀疑上我了，但没想到问题会这么严重，而且已经发展到这种地步……我自知理亏，就任她发泄，向她道歉，给她保证。她还让我写了检查和保证书，说这得存起来，这是证据……

"后来？第二天我找到文静，把我老婆知道了我们俩的事告诉她。她问我什么态度，我说我两头都舍不得，这是实话，但我已经跟我老婆保证了再不和你来往了，以后我们也降降温，尽量少来往。然后还给她讲了一大堆道理，什么这不是长久之计啊，我们年龄差别太大，将来她终归要嫁人，等等。

"结果她也跟我急了，说我不像个男人，说我真正喜欢真正爱的是她而不是我老婆。她还从没和我那么急过，本来挺文静的一个小女孩，凶起来也真可怕！……不过我承认，她说的是对的，她比我爱人了解我，也理解我、包容我，她并没有把我看成十全十美的人，她知道我有缺点，但是她首先尊重我，即便指出我的毛病也很讲方式方法，很委婉又不伤我的面子。总之，我跟她在一起觉得不累，挺舒服的……

"后来？后来文静当天就病了，高烧不退。我去宿舍陪她，又陪她上医院。她病的样子文文弱弱的，特可怜，特让人怜惜。但看到我，她还是勉强笑了，笑得我当时眼泪都下来了。她是怕我担心，她都病成那样了，还是在替我着想。她让我回家，要不没法跟我老婆交代。她越是这么说，我越不能回去啊！你想啊，人家一个女孩子，家又不在这里，烧得那么厉害，我怎么忍心把她一个人扔在医院呢？

"后来，我就把手机关了，豁出去了。她也特感动，她说：'要不我们俩私奔吧，我们去南方，或回你老家，因为我们俩是真心相爱的。'当时我还真的动了心。

"那肯定，第二天回到家，又免不了一场战争。因为我关机，她找不到我。她疯了一样到处找我，还给我妹妹打电话，把我的检查和保证书念给她听。原来我在我妹妹心目中可以说就是偶像，这下全完了。我爱人把家里砸得乱七八糟，孩子在一边哭，我都麻木了。这不，今天我来找你，我现在真不知道该怎么办了？

"对了，我还要补充一点，也算是跟大夫坦白交代吧。一个月前，我利用出差的机会带文静回了一趟南方老家，见了我父母，我跟父母说这是我的学生和助手，我父母也挺喜欢她的，甚至我妈还说文静就是年龄小了些，不然给我做老婆我就有福了，说她比我爱人好。

"这事儿我爱人不知道，对我老家和我父母的态度我们俩也有分歧，她从来没主动说过回老家看我父母，或给我父母寄钱什么的，都是我自己偷着寄，而且她回家老是在我面前说我妈这个不好那个不好，还嫌我们家脏。农村不都那样吗？每次回家都跟求爷爷告奶奶似的，偶尔她同意回去，我就高兴得不得了，好像皇上恩准了一般。然后要买好多东西去看她的父母，还给她父母钱。其实，我们在经济上给她家比给我家的支援要多得多，尽管她家不缺钱，条件好，而我家确实困难，我又是家里的老大，父母供我出来上大学不容易，另外，我总要给弟弟妹妹做个榜样吧。这也是我对我爱人不满意的地方。"

"看来，你和文静的确是一份真感情。"

"没错，绝对是真的！"

然后，我帮他分析，他的问题其实主要还是一种心理冲突，鱼和熊掌想兼而得之，属于双趋式冲突；同时，在自己妻子的问题上，离与不离，又存在趋避式冲突。两种心理冲突同时存在，而他又左右为难，难怪会感到痛苦。

他之所以会"陷进去"，感到"鬼使神差"，是因为他本身人性中很多基本需要，如被欣赏、被尊重、被理解和被信任，在他妻子那里没有得到满足。表面看来相安无事，但这些需要并没有消失，只是被压抑了，是文静充分满足了他的这些基本需要。

"对，大夫，你分析得太好了。"

"现在关键的问题是你自己的选择。如果我是你，我也会感到痛苦和左右为难。其实从根本上说，只有一个心理冲突，那就是你的家庭和文静，你必须也只能二者择一。

"我们每个人都是趋利避害的，这就要看你选择文静利大，还是选择你现在的家庭利大。我个人认为，爱德华八世因爱美人而放弃江山，未尝不是一种千古美谈！每个人都有追求幸福的权利，都会选择对自己而言最有价值和最有意义的事。但这需要勇气，需要一种大无畏的精神，需要一种人格力量，一种自信和不顾一切的牺牲精神！'舍得舍得'，人生有'舍'才有'得'。但恕我直言，高兄你不具备这样的性格特质，即使你选择了文静，你同样也不会像你想象的那么幸福和快乐！因为你是一个负责任的人，你会为你的行为感到羞愧和自责。你今天的一切来之不易，你是个成功者，甚至可以说相当成功，而这一切，难道没有你妻子对你默默无闻的支持和帮助吗？！

"西方有句谚语：聪明人总是追求自己所没有的，但更聪明的人总是珍惜自己现有的。我们都是四十多岁的人，过去孔子讲人四十不惑，不过是大多数的事都活明白了。

"再有，提醒高兄，有些东西是可以替代的，有些是不可替代的；有些事情通过自己的努力是可以改变的，有些则是必须要接受和去适应的。

"你回去好好考虑一下，如果有可能，我想见见你的妻子，因为她目前肯定也十分痛苦，也许我能为她做点什么。"

"谢谢你，大夫，我会好好考虑的，正好我太太说她也想看心理医生，我再和你约吧。"

第一次谈话结束，我也精疲力尽了，因为我怀疑自己的引导是否人道，也许会扼杀掉一个很美好的爱情故事。

两天以后，高总搀着夫人来了，而且是两只手搀着，这种身体语言本身就有含义，看得出，他的夫人也很疲惫。高夫人脸色苍白，戴着眼镜，一副文质彬彬的样子，一看就是那种典型的女知识分子。我请高总回避，我想和她单独谈谈。

"听说你也想看心理医生？"

"嗯……"她点头，紧接着，是泣不成声。

"我想，你一定很痛苦。没关系，想哭就哭吧。"

"呜……"

"对一个家庭而言，这是天大的事，尤其对女方来说，这是很不公平的。"

"谢谢！……"

"能不能和我谈谈你的感受，你有什么想法？"

她的泣不成声已接近尾声，可以试着沟通。

"我的感受？我连死的念头都有！有时想杀了他们俩，有时又想成全他们俩，我的脑子现在乱极了！……"

看来还不乱，还有相当的理性。

一个人在遭受重大打击后可能出现的忧郁、回避和愤怒攻击这三种态度同时夹杂在一起，可见她痛苦到了一定的程度。

"夫妻之间都是很敏感的，出了这么大的事儿，我想，你不可能感觉不到吧？"

"我怎么可能感觉不到呢？只是我一直在安慰自己往好处想，我一直在自欺欺人。我觉得他不可能做出对不起我的事情，而且问题已发展得这么严重！我一直是非常信任他的……"

"是啊，都二十年的夫妻了，双方应该是非常了解的。过去，你们俩感情怎么样？"

"我认为我们之间感情非常好，周围的人都非常羡慕我，说你们老高人怎么怎么好，我也觉得自己的生活很平静、很幸福。当然，两口子的磕磕碰碰是免不了的，但总的来说，我觉得相对于其他的夫妻，我们之间的感情还是相当好的。"

"真是难得，我想你们这种幸福生活也来之不易吧？"

她的眼泪又流了下来："不瞒你说，大夫，我们刚结婚那会儿，他就是一个农村出来的穷光蛋，一无所有，我家是市里的，给过我们一些帮助，当然主要还是靠我们两个踏踏实实地工作和奋斗，才有了今天的一切。当时有多困难啊，他真是良心都让狗吃了啊……"

"从刚才你们来的时候，他用双手搀扶着你，就可以看得出来，他还是很珍惜、很在乎你的。而且，他既然来找我，就说明他自己也很矛盾，并没有做出最后的决定。如果做了决定，那就不是找我，而是找律师了，你说对不对？"

她点了点头，似乎很关注我的分析。

"这种情况，我们遇到过很多，处理起来也比较有经验。但是我很想知道，你现在内心最真实的愿望是什么？或者说，我能帮助你做点什么？我们的工作不是像普通老百姓那样'劝和不劝离'，我们本着一个科学的态度，详细了解你们双方的真实感受和想法，然后从心理学的角度，对你们的婚姻做一个评估和判断，最终还是需要你们双方来选择，来做出最终的决定。"

"我当然是不想离了，我刚才说的都是气话。"

"那好，现在你的态度很明确，那就是想挽救你们的婚姻，下面我就站在这个立场帮你分析和解决问题。"

"医生，那你说我该怎么办？"她显得相当迫切。

"目前老高正处在左右为难的矛盾心态之中，你有两种态度：一个是推，一个是拉。所谓推，就是像一般社会上的女性那样，'一哭二闹三上吊'，或是把事情扩大化，找老高的家人，找他们领导，甚至去找那个女人，这样只能把事情复杂化，而且撕破脸皮，老高以后没法做人，他可能也就豁出去了；而所谓拉，就是要冷静下来，客观分析一下，为什么你们的婚姻会有第三者插足。为什么能插得进来？那肯定是有'缝'对吧，'缝'在哪里？我应该为此承担什么责任？是有哪些需要在我这里没法得到满足，他才会去寻花问柳？是生理方面，还是心理方面？"

"医生，你放心，我不会去闹的，尽管我也那么想过。老高是个很要面子的人，他今天的一切也来之不易，他工作特别敬业，特别认真负责，我不会毁了他。至于你说他哪方面需要在我这里没有得到满足，生理方面大概不会，因为他是工作狂，那方面要求不是很多，这我也理解他，可能是心理方面吧，他这个人其实很自卑，怕我和我们家的人瞧不起他。"

"是怕还是事实上就存在这种情况？"

"可能事实上也存在吧。"

"老高的确是个很优秀的男人，尽管他这次犯了错误。我绝不是为我们男人辩护，我是觉得到了我们这个年纪，如果不是内心特别饥渴，或者很多基本的心理需要在婚姻中得不到满足，他是不会如此冲动和轻率的。比如那个女孩对他的欣赏和崇拜，对他的理解和尊重，你觉得这些，他在你这里有没有得到满足？"

"这方面确实没有，我可能不太注意，觉得都老夫老妻了，而且可能有时候对他伤害还比较大，他这个人挺小心眼儿的，记仇。"

"举个例子说说。"

"比如有时候我们为什么事吵架，夫妻之间难免，我发泄一下就过去了，但我发现他老是耿耿于怀，好长时间了，他又提起，一直放在心上，可能有时对他不太尊重吧。另外就是，自从有了孩子，我的注意力全都集中在孩子身上，我们之间沟通也少了，对他的关心可能也不够吧。其实我挺欣赏他的，我还经常在别人面前夸他呢，只是没有在他面前表达过而已。"

"很好。您不愧是知识分子。遇到问题一味指责和抱怨是无济于事的，那是'外归因'，而从自身找原因叫'内归因'，只有'内归因'，我们才能反省自身的不足，这样既有利于自身的成长，也有利于问题的解决。"

"我很想知道，根据你的经验，我们的婚姻还能挽救吗？我应该做些什么？我不甘心啊！"

"没问题！这种事情很常见，也在所难免。你丈夫被一个二十多岁的女孩爱得死去活来，正说明他是很优秀的。但对方只是一个人，而且这种感情常常来得快去得也快；你和孩子是两个人，还有一个来之不易的美满的家，从心理学角度看，一个人付出的越多就越珍惜，他也会慢慢冷静下来，知道孰轻孰重。你所能做的，就是在反省自己的基础上，尽可能控制自己的情绪，尽可能不指责、不抱怨，当然做到这一点非常困难，而是靠感情和温柔，靠这么多年的夫妻情分把他的心拉回来。

"尤其需要注意的是，你要和他站在一条战壕里，共同对外，帮他把这件事妥善处理好，通俗地说，就是帮他'把屁股擦干净'。现在还不是追究他责任的时候，等这事儿处理完毕，咱们再'批斗'他也不迟，这一点非常重要！

"最后，还有一点，假如你们重归于好，不要让老高有一种'低人一等'的感觉，好像自己是个犯了错的孩子或犯过罪的人，一辈子在你面前抬不起头。这取决于你，如果那样，这种婚姻就不平等，也就没有存在的价值了。我们应该允许对方犯错误，改了就是好同志，他可能会更加珍惜，这样坏事就变成了好事！"

"听你这么一说，我心里踏实多了，谢谢你，医生。"

又过了几天，老高单独来找我，说他已做出决定，维系这来之不易的婚姻，只是向我请教"那边"怎么办。

……

这个案例，我之所以描述得如此详细，一来是相当典型，通过婚姻辅导的过程，使初学心理咨询的人对婚姻辅导的方法与技巧有一个初步的、感性的了解；二来也是想给婚姻中的夫妻一些提醒和启发，尤其是中年夫妇，希望他们对自己的婚姻不要太自信，要知道危机随时可能到来，但亡羊补牢还不迟。

限于篇幅，关于婚外恋中女方"红杏出墙"的案例我只有忍痛割爱了。

其他方面，诸如"夫妻冷战""对婚姻期望太高""占有与控制对方""轻易言分手""注重索取而忽视付出""对待子女意见不一""平平淡淡才是真"等婚姻误区也因篇幅有限，就此打住。

○ ▶ ▶ ▶

■ Chapter eleven

第十一章　缺乏品位，逃避责任

——中国男性的心理误区

男人的寿命总体来说不如女性的寿命长，这是不争的事实，不仅在中国，全世界的统计数字差不多都是如此。

而在自然界则不同，大多数的雌性动物，由于生理原因，如怀孕、分娩等，寿命往往比雄性的短。

由此我们可以得出这样一个结论：在相同的生存环境（比如自然环境与饮食等）下，影响男人寿命的变量主要是社会文化与心理因素。也就是说，由于社会期望和自我期望的缘故，男人要比女人面临更多的心理压力和心理冲突，比女性有更多的焦虑，从而直接影响到身体的健康状况，这是导致男人"短寿"的主要原因。

而现实情形是：直至现在，男人们还在"打肿脸充胖子"，还在充"冤大头"，还在"男儿有泪不轻弹"。作为事实上是由男人主宰的社会，却为女性设立了三八妇女节、护士节，而没有男人节或医生节，这本身就造成了一种新的"男女不平等"，究其根本，也还是"大男子主义"的一种表现。

作为生长在中国这样一个具有"光荣传统"的社会文化背景下的男人，更是比西方男人略胜一筹。由于老祖宗有令："君君臣臣父父子子"、"男儿当自强"、"阳刚"绝对不可以输给"阴柔"、要有"男子汉气概"等，男人无形中所承受的心理压力要更大一些。

这种现实，我们恐怕在短时间内还无法改变。本章我们也仅仅从心理卫生的角度，以"心理健康"为标准，分析和讨论当今中国男人所存在的一些心理误区，以期起到"揭示现象、深刻检讨、痛定思痛、延年益寿"之功效。

逃避责任

我觉得男人无所谓"好"与"坏"，如果把"好色"的男人都划到"坏男人"中去的话，那真是"天底下没有一个好男人"了。我把男人分成两种，那就是"负责任的"和"不负责任的"。

"责任"其实是一个很沉重的字眼，因为它不是每个男人的"本来愿望"，它表示不能想怎么样就怎么样，只图自己快乐和开心，它意味着"应该"怎么样或是"不应该"怎么样，"负责任"就是"有担当"。

这似乎又和我们前面讨论过的心理健康标准有矛盾，因为我在前面一再鼓吹人要做自己"喜欢做"的事，而不要老是做自己"应该做"的事，不然就会活得累、会得病等。

其实一点儿也不矛盾，请注意：第一，我指的是不要"老是"或"总是"。第二，只有做"应该做"的事，我们才会有"成就感"，才会使自己的低级需要和高级需要得到满足，因而是有利于自身心理健康的；反之，一个没有"成就感"的男人，一个常常被妻子或他人指责成"不负责任"的男人，估计他心理上也不会痛快。

小峰是个 40 岁的男人，由于单位不景气而下岗，一般人会为此焦虑和痛苦，而小峰则恰恰相反，他乐得可以有时间"逍遥"，成天和一帮"狐朋狗友"混在一起，除了"吃喝玩乐"还是"吃喝玩乐"，一点儿也不着急。因为原本他在家里就是老小，从小娇生惯养，家里经济条件也好，父母和哥哥、姐姐经常明着暗里给他补贴，他大手大脚惯了，有时向父母要钱还"理直气壮"，全家人都奈何他不得。

倒是小峰的妻子很是着急，觉得他老这样下去也不是个办法，于是连哄带骗，带他来看心理医生。

这种情况咨询效果一般都不好，因为当事人没有主动的意愿，也没"需要改变"的动机，加之又年届不惑，其人生观、价值观、世界观已基本定型，医生也没有权利强制改变人家，而当事人即便出于礼貌，答应改变，也长久不了，因为"土壤"还在。除非父母给他"断奶"，或是生活出现重大变故，令他感到压力，感到"不得不"改变，方可让他从内心发出"我要改变"的意愿。

可见，"责任感"还是要从小培养的，正如把小学生的学习态度从"要我学"转变成"我要学"一样，也是需要从小造就的。

有人曾在女大学生中做过调查，关于"你希望未来的丈夫是个什么样子的人"一项，在幽默、聪明、有钱、有事业心、有责任感、孝敬父母、人缘好、有气质修养、身材高大、长相酷、有良好的家庭背景等选项中，把"有责任感"排在第一位的，占到了被调查者的90%以上。

而在临床心理咨询过程中，对付"厌学"的男性青少年，我常用"男人和女人不一样，女人有两条路可走，自己事业不行，嫁个好老公也不错；而男人只有一条路，那就是要有'野心'，要靠自己奋斗，做一个男子汉，将来咱总不能去'吃软饭'吧"，来激发他们的"责任感"，常常可以起到事半功倍之效。

所以，做个"好男人"固然好，不过，别人说你是"坏男人"也没有什么关系，关键在于要做个"有责任感"的男人。

缺乏品位

我听到过很多女人抱怨：现在有品位的男人太少了！事实的确如此。

所谓品位，是指一个人的气质、修养、人格、品质和学识等所有一个人精神内涵的总和，类似于绅士，但也不完全如此。

有钱的人不一定有品位，相反，倒可能很俗套，很多有钱人，除了钱之外，其余的什么都没有。

没钱的人不一定没有品位，只要一个人有独到的见解，又善于学习和独立思考，虽然物质上贫乏，但胸怀世界，忧国忧民，对很多社会现象和人生价值有自己独到的眼光、分析和判断，而且举手投足之间，显示出高雅和气度，这样的人你能说他没品位吗？

品位肯定与一个人的精神生活有关，天天吃吃喝喝，或呼朋唤友，或是围在电视机前看"肥皂剧"的人，是不可能有品位的；品位还具有独特性，一个从众的人，一个人云亦云的人，也谈不上什么品位；品位也不是可以装出来的，它是靠生活的历练，对人生对世界的感悟，逐渐积累、沉淀而成，言谈话语之中，便能感觉到"此人不凡"。

有品位的男人像一本好书，不论男女，遇见他总有想"去读一读"的欲望和冲动；有品位的男人又像个大哥哥，跟他在一起，你会感到安全、踏实，并且，他可以帮助你快速成长；有品位的男人还像个智者，和他在一起总能长知识、受启发，通过他指点迷津，你会茅塞顿开，就像享受了一顿精神大餐，令人受益匪浅。

如果一个男人既有品位又有钱，那就是"极品"了。

可惜，生活中有品位的男人的确少之又少，绝对是今不如昔，也难怪女人们失望了。

但品位却难以"培养"，在当今的社会风气和现实中，造就和历练成一个有品位的人，恐怕比养一只大熊猫还要困难，因为绝大多数的人，还没经受什么风雨，就已经向世俗社会举双手投降，变成"俗品"了。

游戏人生

纵观今日之中国男人，无论官场、商界、文艺界乃至学术界，"游戏人生"似乎成为某些人的"共识"，一种人生哲学，而且衍生出这样或那样的"游戏规则"。

对他们来说，"人生不过是逢场作戏"，很少有人严谨、正直地做官，诚信、重义地经商，扎扎实实地苦练基本功以期成为一流的人民艺术家，或是耐得住寂寞，潜心治学，真正成为学富五车、有突出建树的学者，"大家都在这样混"而已。

因为欺诈可以致富，选秀可以成名，趋附可以得势。"游戏人生"可以随大流，可以不必活得太累，可以节省奋斗成本，还可以没有风险，何乐而不为呢？

于是，挚友见面，会劝你"何必认真，难得糊涂"；手机短信，会忠告你"珍惜今日，及时行乐"！

而事实上，这种"游戏人生"的态度和生活方式，真的会给我们带来快乐吗？晚上，一个人静静地躺在床上，我们不感到空虚和无聊吗？推杯换盏、灯红酒绿之后，我们不觉得这一切毫无意义、毫无收获，也毫无价值吗？！

都说我们现在的社会"阴盛阳衰"，我认为"游戏人生"的认知与态度就是"罪魁祸首"。女人尚有明确的生活追求和目标，比如孩子，比如家庭，对她们而言，这些在其内心都是神圣的。而男人呢，心目中还有什么"神圣的"东西？所以我说，现在"好女人"多，"好男人"少。

乱性主义

所谓"乱性"，是指在两性关系上过于随便和混乱，我把它称为"乱性主义"。

既是主义，说明这种现象已构成一种思潮。

"哪个男人会一辈子只睡一个女人！"正是这种现象背后的认知和态度。

而"乱性主义"不过是"游戏人生"其中的表现方式之一。

根据西方社会学家亚琴与统计学家约翰的调查，人们都习惯采用双重的性标准，即严于律人，宽以待己。容许自己拥有丰富的性经验和性满足，而不能接受伴侣有同样的性行为，他们把这种观念称之为"自私的性标准"。这在中国男人当中，表现得尤为突出。

"乱性"不是爱，仅仅是动物本能低级需要的满足，充其量不过是化解孤独、缓解焦虑和释放压力的手段。而事实上，因为"乱性"之后，可能会面临更大的空虚与孤独，带来更多的焦虑与不安，压力非但没有减轻，因"羞愧"与"负罪"感，甚至担心可能要承担的责任和发生的不良后果，他们反而会忧心忡忡，惶惶不可终日。

在现实生活中，因一时冲动，"始乱终弃"而引发的感情纠纷、法律诉讼甚至人命案子，不是天天都在发生嘛！

其实，忠告归忠告，一个男人，有时候"大脑袋"管不住"小脑袋"，也是人之常情，但"对象"一定要合情合法，通过正确的方法和途径予以满足，方为上策。而不要总是让"小脑袋"给"大脑袋"找麻烦，这样的结果必定是得不偿失。

大男子主义

大男子主义是封建社会男尊女卑的产物。

过去给女人定的规矩"三从四德"中的"三从"就是"在家从父，出嫁从夫，夫死从子"。可见，古代中国是以男子为中心的"男权"社会，而女性则没有什么社会地位。男人一纸休书就可以把女方"踢"回娘家，而女性只有被动接受的份儿。

这种制度设计的好处是"角色明确""权力分明"。男女各自扮演好自己的"角色"就会相安无事，和谐平安。男人是"政委"，女人有时甚至连"副政委"都捞不着做，难怪现在社会上很多男人都"怀念旧社会"了。

随着社会的发展和女权运动的兴起，男女平等的理念已成为世界性的趋势，而且文明程度越高的国家和地区，这种理念的实施就越到位。

就我们国家而言，情形同样如此，大男子主义的表现，农村要比城市严重，北方要比南方严重，经济不发达地区要比经济发达地区严重。但总的来讲，大男子主义的市场肯定会越来越小，这和职业女性的增多、人们观念的转变、社会文化的影响以及法律的保障等诸多因素有关。

尊重女性越来越成为全社会的共识。同时，我们也必须看到，大男子主义在现实当中仍有一定的市场，具体表现如下：

·男人在家庭地位中处于绝对权威，大事小事只有家里的爷们儿说了算，女人只有服从和执行的份儿，因为女人"头发长见识短"。

·虽然是双职工家庭，男女双方都有工作和收入，但在家务分配上却是女的做得多，而男的做得少，甚至根本不做，并认为这是天经地义的。男人做家务被视为在家里没地位、没出息的表现，在外人面前"没面子"。所以，很多女人都向往找一个能干顾家的"上海男人"。

·男人在外面应酬被视为理所当然，而女人在外面应酬则被视为"不顾家"，甚至"不贤淑"，简直就是"只许州官放火，不许百姓点灯"。君不见，大多成家以后的同学聚会，绝对是男生多、女生少，或是清一色的光棍。

·抚养与教育子女的工作大都由母亲承担，"相夫教子"嘛，男人回家后看报纸、看电视甚至无所事事也不搭一把手被视为常态。殊不知，无论男孩女孩，父亲的角色都是母亲不可替代的，尤其是孩子到了青春期的时候，其人生观、世界观的形成，父亲起着举足轻重的作用。

·重男轻女恐怕是大多数男人共同的心理误区，嘴上说"生女孩是福气"，骨子里却怨天尤人，没能"复制一个我"，没人"续香火"，总是男人心中挥之不去的痛。

·过多占有社会资源。比如，家中有车，一般由男方掌控；丈夫用的手机也常常比妻子的好；抽烟、喝酒、请客吃饭，乃至出头露面或是"露脸儿"的事儿，大多是男人的事。这也是大男子主义的表现。

·家庭暴力。这更是大男子主义的极端表现形式，缺乏对女性起码的尊重。

我的一位朋友说得精辟——"巴结谁都不如巴结自己媳妇划算"，这才是"真绅士""真爷们儿"！向他学习，向他致敬！

工作狂

没有工作的男人，我们周围的人要理解他、帮助他，而不是一味地指责他、抱怨他，因为没有工作，对于一个男人而言，本身就足以令其痛苦、无助，让其感到无能、没本事而产生自卑、自责的心理。在我们的文化背景中，"养家糊口"就是男人的事，是天经地义的，是不容推卸的义务和责任。

但是，假如一个人并不是出于"养家糊口"的目的，为了工作而工作，或把工作当饭吃（即离不了工作），或工作过于紧张和劳累，或把工作当作生活的唯一乐趣和唯一目标，我们常常说，这个人是"工作狂"。

"工作狂"的男人，大都在单位有着良好的口碑，同事们都会说这个人"责任心强""认真踏实""爱岗敬业"。但因其忽视了亲情、友情甚至爱情，所以又常常令身边的人（尤其是妻子）不满。

即便是"通情达理"的妻子，尽管她可以在"外人"夸奖自己丈夫时感到荣耀，甚至有时自己也引以为豪，但更多的，因自己"被忽视"，内心常常充满着"怨气"。

其实，任何借口都不能让我们去"忽视"我们的爱情、亲情和友情，这些在生活中是弥足珍贵的，是任何其他东西都无法替代的。

我们工作的目的是为了"生活"，而不是相反。

我们不能因为工作而活着，活着的根本目的是为了娱乐，享受和体验幸福，不然的话，我们工作还有什么价值和意义？但现实生活中，很多人都"本末倒置"了。

"工作狂"的男人，恰恰体会不到生活的乐趣，甚至因为长期而盲目的工作，搞得自己焦头烂额、狼狈不堪，总是觉得"天降大任于斯人"，一脸的严肃与焦灼，好像地球离开他就不转了一样，也很少露出笑容。在自我苛求与焦虑的同时，他对周围的人也同样苛求，把焦虑和不安乃至不快乐带给了周围的人。

我把这种情况称为"耶稣情绪"，他们一不留神就把自己当耶稣了，好像全人类都等着他去拯救。

这种"工作狂"的人，大都是单位的领导或某些领域的"骨干"。

这些人还常常振振有词："我在外面那么辛苦，不都是为了这个家吗？不都是为了让你和孩子过上更好的生活吗？！"

但女人比男人要现实和实际得多：我要的是现在的快乐，我要的是此时此刻的快乐和幸福！你开的空头支票还不知道能不能兑现呢！

在这方面，女人要比男人聪明得多，女人更着眼于"现在"，着眼于"此时此刻"，你说人家目光短浅也好，说人家"头发长见识短"也好，偏偏就比你们男人长寿！她懂得享受。这一点，从女人购物就可以看得出来，女人们都爱逛商场，买不买东西不要紧，她们看重的是"逛"，注重过程本身，"逛"本身就是一种享受、一种满足，而不像男人那么不耐烦，要买什么，直奔那个柜台，买完走人，"目的性"太强。

即使是一段感情了结之后，女人多半会寻求"补偿"，而这种"补偿"也很现实，那就是要钱！这是最最"实际"的活法。

活在当下，享受此时此刻，是心理健康的表现。

　　而"工作狂"的男人，恰恰有意无意地把享受留给了"未来"，似乎钱赚足了，将来就可以衣食无忧，就可以尽情享乐了。而现实的情况却是：这一天永远不会到来。

　　在"工作狂"的男人给妻子承诺未来时，常常还"贪污"了一个很"自私"的动机，那就是：工作，只有工作才能实现其自身的价值。即工作的目的不过是他本人的"自我实现"而已，至于未来能不能兑现，其实他自己心里也没底儿。

　　大多数"工作狂"的男人，其实内心相当自卑，这是一种"过度补偿"，通过工作上的成就或其他一些外在的"名利"，来补偿其内心的自卑。

　　还有一种情况，也有很多"工作狂"的男人，是对自己的婚姻不满意，工作对他而言，不过是"逃避婚姻"的一种手段而已。在临床心理咨询过程中，我们发现，这种情况在现实生活中大量存在，夫妻俩彼此心照不宣，倒也相安无事，毕竟"工作"是他绝佳的借口。

享乐主义

　　与"工作狂"恰恰相反的一种情况是过度追求"享受"，"今朝有酒今朝醉"。持这种观点的男人，在现实生活中越来越多。

　　"工作狂"的男人，虽然不利己，起码"利他"，工作的客观效果，给他人、给单位、给社会做出了贡献；而享乐主义则完全以"享乐"为中心，工作常常只是装装样子，敷衍了事，应付差事，得过且过。即使在工作时，他心里所关注的，还是今天如何享受？享受什么？和谁一起享受？去哪儿享受？

　　这种人活得相当"滋润"，他绝不会委屈自己。他知道哪家饭店新开张了，有哪些特色菜，味道还相当不错；他知道哪儿又新开了一家洗浴中心，那儿的硬件如何如何好，做足疗的小姐模样也靓，手法也不错；他知道哪家歌厅音响效果很好，而且价格也相当划算；他还经常以"工作"的名义游山玩水，甚至去国外"考察"……

"享乐主义者"常常自以为"活明白了"，"人生就几十年，还不抓紧时间找点儿乐子"常常是他们的口头语。

其实还有更深层次的原因，那就是他们对现实不满或是相当失望，他们可能曾经有志向、有抱负，但在现实面前屡屡受挫，因而变得无助、无奈、无能为力，所以只有"独善其身"或"随大流"了；他们深谙社会上各种"游戏规则"，只要"大错不犯"，领导或上司对他们的"享乐"也常常是睁一只眼闭一只眼。

这是一种极其可怕和危险的"社会倾向"。"享乐主义"是当今社会的"癌细胞"，如果不及时"根治"，后果将不堪设想！

"恋母"与"护母"

每个男人或多或少都有"恋母"的情结，这是很正常的事。因为母亲给儿女的爱，大多是无条件的，是不讲"双赢"、不讲"互惠互利"的。无论是胎儿时期安全地躲在母亲子宫里，还是来到这个令人恐惧和不安的世界以后，母爱在我们心目中一直就意味着无条件的"牵挂""关注""关心""珍惜""奉献"与"包容"。如果"不恋母"，反倒不是常态了。

经由与母亲的关系，我们开始与外部世界产生联系，但我们发现，今后再发展和建立的任何一种关系，都不能和母爱相比。所以，当一个女人问一个男人"如果我和你妈同时掉到水里，你先救谁"时，说明这个女人相当愚蠢，起码，她不配做你未来孩子的母亲！要是我，早就把她 PK 掉了。还好，我是幸运的。

婆媳关系之所以不好相处，究其根本，都是源于妻子对丈夫"恋母情结"的不满和妒忌。有一种甚为流行且貌似真理的解释是"母亲和妻子都在同时争夺一个男人的爱"，对此我不敢苟同。事实胜于雄辩，现实生活中绝大多数的母亲是"宁可我受点儿委屈，只要你们小两口儿好好过就行了"，而相反的情况则几近于无，现实中有哪个男人听老婆对你说过："宁可我受点儿委屈，只要你们娘儿俩好好的。"如果有，那是因为你老婆她"太有才了"！

写到这里，我自己也差点儿乐晕过去，哈哈……

但也不能否认，婚姻中有些男人的确也存在着"过分恋母"和"过分护母"的现象。其表现是两个凡是：凡是我妈说的，都是对的；凡是我妈做的，都是正确的。

这就有失公允了，任何人都不是完人或圣人，都不是十全十美的人，即便是我们的母亲，也不是没有"错"的时候。

这种男人还有着貌似可以摆上台面的理由，而且还可能去向他的哥儿们炫耀："我妈只有一个，是不可替代的！媳妇嘛，可以再换！"他们以此来掩饰其"过分恋母"和"过分护母"的心态，而不辨是非曲直和青红皂白。

这种态度对婚姻和夫妻感情的杀伤力和破坏性是巨大的："通情达理"的妻子，可能会委曲求全，顾全大局，但在她的内心，丈夫的形象则大打折扣，甚至还在流着伤心的泪；而"不管不顾"的妻子，则可能因此将压抑了许久的"醋意"大发出来，战斗一旦打响，结果必是两败俱伤，是不会有胜利者的。

还有一种"恋母"现象，我称之为"假装恋母"。"假装恋母"的可能是男方，也可能是夫妻双方，通过"假装恋母"哄老太太高兴，满足老太太的"被需要感"，以获取经济上或其他方面的"收益"，这种情况也不少见。只是一方愿打，一方愿挨，两相情愿，不在讨论之列。

男儿有泪不轻弹

何止是"有泪不轻弹"，大多数的男人，常常是"打掉牙齿也要往肚子里咽"，从而造成"消化不良"。

流眼泪，一直以来被认为是女人的专利，且可以"彰显"女性的"阴柔之美"，令人怜香惜玉，不得不对其"呵护备至"；对于男人而言，流眼泪则有损其"阳刚之气"，因而一直不被社会认可和"鼓励"，轻者被认为是"没出息"，重者则被斥之为"没骨气"了。

且不说科学家已研究证明泪水中含有"毒素"，适当地"排毒"有利于心身健康；作为同样有"七情六欲"的男人，在悲伤和委屈时流泪，则是我们作为一个人的基本权利！因其不违法，也没有损害任何人的利益，所以是"天经地义"的。

是我们的社会文化和种种传统观念，给男人们套上了"男儿有泪不轻弹"的枷锁。这对于男人而言，绝对是不公平也不公正的。

问题还出在男人本身，他们居然"自以为是"地接受了这一枷锁和"传家宝"，而且代代相传，"咬牙切齿"的同时，心甘情愿地放弃了这一基本权利。

这种"错误认知"导致的后果是：

·对身体健康不利，对心理健康更为不利。因为压抑正常情感的流露，常常会转化成"愤怒"，甚至"暴怒"。这于己不利，于人也不利。

·长期假装坚强，一直在"装男人"，而其内心则可能变得越来越脆弱，变得"压抑"和"郁闷"。

·寻求"补偿"而过度追寻"温柔之乡"。

·"否认"或"歪曲"事实而"因悲生恨"。

·自欺欺人，不敢面对事实而出现"逃避"行为。

·折寿。

以上绝不是危言耸听！适时适当地流露我们的悲伤情绪，对身体和心理的益处怎么强调都不过分。

推而衍之，包括我们其他方面的"真情实感"，比如"高兴和不满""愿意或不愿意""需要或不需要""想要或不想要"，甚至有一些"抱怨和指责"，都应该适时适当地流露。

一句话，这方面，我们男人要虚心地、诚心诚意地"向女人学习"！因为这是"女人长寿"的"秘诀"之一。

"好丈夫"的特征描述

· 有正常的收入，并足以养家糊口。

· 常常是"哥哥"和"父亲"的角色，让对方感到安全、踏实。

· 懂得珍惜、呵护并包容女方。

· 有一定的修养、品位和情调。

· 善待她的父母和家人。

· 可以有"花心"，但不能有"花行为"。

· 承担一部分家务，起码在某一方面"有一手"。

· 能按时完成"家庭作业"，且让"老师"满意。

· 懂得"巴结"谁都不如"巴结"自己老婆有价值。

· 时不时会给妻子一个惊喜。

· 知道"看老婆"比"看报纸"更有价值。

· 懂得经常赞美自己的妻子。

· 经常与妻子沟通。

· 让孩子说，你是一个"好爸爸"。

· 能牢记妻子的生日和结婚纪念日，并有所"表示"。

· "恋母"但不"护母"。

· 懂得"唠叨"是女人的通病，"天下乌鸦一般黑"。

· "哥哥"理所当然应该让着"妹妹"。

· 男子汉大丈夫的特征之一是"能伸能屈"。

· 不要试图去跟妻子"讲理"，女人是感性动物。

· 能倾听妻子的内心感受，不然她会跟别的男人倾诉。

·适当地在妻子面前表现你脆弱的一面。

·不要在别人面前说你妻子的坏话。

·不要在你父母和家人面前诋毁你的妻子。

·永远不要在孩子面前说他妈妈的不是。

·和妻子的好友和同事保持良好的关系。

·丈母娘家里有事，要全力以赴。

·有时候"哥哥"也可以向"妹妹"撒娇，耍耍赖皮。但切记，事实上相反的情况才是"常态"。

·遇事"多请示、常汇报"肯定没错。

·受委屈是正常的，因为"付出"是男人的天性。

·尽量对外面的"应酬"说"NO"，女人最怕寂寞和孤独。

·长得丑没关系，只要你"很温柔"。

·女人永远会拿自己的丈夫和别人家的丈夫对比，你能做的，只有加倍努力。

·女人的肌肤永远饥渴，需要你的爱抚，不然她会去寻求其他男人的爱抚。

·女人是架钢琴，发出的声音好听与否，关键还看男人怎么"弹"。

·假如妻子"红杏出墙"，丈夫应首先检讨自己。

·如果妻子脾气大，很有可能是"性需求"没能得到满足。

·如果妻子有某些"毛病"，肯定是丈夫"惯"出来的。

·对母亲和妻子之间的关系，有利于团结的话多说，不利于团结的话不说。

·偶尔妻子会说你母亲的"坏话"，这是在考验你是否"公道"，或仅仅只是一种发泄。

·偶尔对妻子说"NO"。

·不要在妻子面前赞美别的女人。

·可以把别的女人放在脑子里，但不可以放在心里。

·任何时候、任何理由也不能使用"暴力"。

·经常和妻子一道出席某些社交场合。

·妻子来例假时不要做爱。

·在她生产、生病等最需要你的时候要在她的身边。

·承担部分家务是义务，也有助于增进你对妻子的理解。

切记：有时"被领导"其实是一种"福气"。

做到了以上部分，你就是一个"称职"的"好丈夫"。

○ ▶ ▶ ▶

■ Chapter twelve

第十二章　他人至上，迷失自我

——中国女性的心理误区

　　我曾在前面提到过：当今中国，好女人多，而好男人少。我在许多场合表达过这一观点，虽是一己之见，但到目前为止，还没有人提出过反对意见。但这并不意味着女性就没有心理误区，恰恰相反，正因为女性相对于男性而言，更加追求完美，更加追求"好"，而不是自甘堕落，其心理误区反倒更多一些。

　　皇上不存在了，"三从四德"也不必恪守了；女权运动兴起了，"男女平等"的理念也早就提倡了。旧的角色已不必扮演，新的角色又尚不确定，女性角色如何由传统汇入现代文明，的确是一个值得研究的课题。女性角色的变化和现实定位的不确定感直接威胁着中国当代婚姻的质量和稳定性。这也是令很多女性苦恼的事。

　　如果说，我把男人分为"负责任的"和"不负责任的"两种，那么女人，我也分为两种："聪明的"和"不聪明的"。以下将要讨论和分析的，当然是"不聪明的"女性的心理误区。

完美主义

由于两性生理与心理的差异，相对于男性而言，女性更倾向于追求"完美主义"。

有一个文化传播公司，准备搞一个"完美女性研修班"，请我讲课。我说讲课可以，但我建议最好把"完美"两个字去掉，改为"智慧女性"或"聪明女性"。他们问为什么，我说："道理很简单。第一，中国女性已经够'追求完美'的了，你们还嫌她们活得不够累？！第二，'完美'是不存在的，你们谁见过十全十美的女性？用不存在的东西做宣传主题，一看就虚，谁还来听，没人听，你们赚谁的钱？！"他们认为我说得有道理，就改叫"智慧女性研修班"，来者甚众，公司着实赚了一笔。

追求完美本身的动机是好的，说明女性内心中有神圣的追求，有着向善、向美的心态，因此也就有着无限接近完美的可能性。然而事实上，完美是不存在的。追求完美，不仅由于自我期望过高，会在心理上给自己造成很大的负担，而且追求完美的过程，也充满着自我苛求、艰辛、执着与一次又一次的挫败感。

追求完美的女性，大都属于强迫型性格，在生活中，常常有以下表现：

· 理想主义，凡事过分认真，缺乏妥协与灵活性。
· 责任心强，常因各种职责而烦恼、自责。
· 过于严肃、勤奋、刻苦敬业，道德观念很强。
· 常常压制自己的情绪，显得过分坚强与过分自我控制。
· 过分爱好整洁、爱好秩序，凡事有条不紊，常常过分关心细节。
· 遇事戒备、敏感而顾虑重重，过分注重"安全"而缺乏"效率"。
· 凡事倔强和不屈不挠。
· 对待他人不宽容，也缺乏幽默感。

可见，这种人活得很累，而且不仅自己累，也让自己身边的人活得累，因为自我苛求的人常常自然不自然地同时苛求他人，对外人还好点，但对自己人，尤其是自己的丈夫和孩子，常常会让他们苦不堪言。

因此，追求完美，于己于人都不利。

只有抛弃完美主义，自己的生活才有可能变得相对完美。在这方面，她们反倒应当向那些"懒散"一些的女人学习：因为"懒散"，所以"随意"；因为"随意"，所以"自在"；因为"自在"，所以自己不累，别人也不累。

要知道，不完美才是生活的常态。

他人至上，迷失自我

仔细观察一下我们每个人的母亲，她们生活的目标与重心基本上都是"他人"：一切都为孩子、为丈夫、为老人、为整个家庭，一切都是"他人至上"，至于"我"在哪儿，找不到了，迷失掉了。

一辈子都在为别人活，一辈子都没有自我，都是在无私"付出与奉献"，而对自己，则是"什么都舍不得"。她这一生的生活质量，也就可想而知了。

"这就是母爱的伟大之处，也正是母亲的伟大之处。"世人如是说。

但这是不公平的！

每个人都有追求美好生活的权利，凭什么"牺牲我一个，幸福全家人"！对此，我们就那么"心安理得"吗？你有没有想过她内心"最真实"的感受？她难道就从不感到"委屈""寒心"甚至"心理不平衡"吗？这一切难道都是"理所应当"的吗？

事实上并非如此！临床上，我接触过很多老年女性"抑郁症"患者，她们或多或少都感到"委屈"、感到"寒心"、感到"不平衡"、感到"不公平"！

为什么要等到"得病"以后才暴露自己的内心感受呢？一个持"他人

至上"态度的女性，"迷失自我"与"得病"是迟早的事，"人性"使然。而"得病"，正是她需要"关注"与"关爱"，向外界发出的呼救信号，是她"罢工"的借口，是"我不跟你们玩儿了"的充足理由，也是长期"他人至上"从而"迷失自我"的结果。

遗憾的是，这种"他人至上"的认知取向和"光荣传统"，在当今社会，正在代代相传，多数的中年女性，不正在重蹈着"她母亲"的"覆辙"吗？

一个可喜的现象是，尽管独生子女婚姻存在着这样或那样的问题，有一点可以肯定，现在的年轻夫人们，已不再是"他人取向"，而代之以"平等"的现代理念，甚至过度地"以自我为中心"。

忽视性爱

尽管我们说，女人比男人"进化"得好，但这并不意味着女人不需要性爱。对性爱的忽视，恰恰是很多女性的误区，并因此给自己的婚姻造成了"硬伤"。

有一项调查结果显示：在婚姻的诸多要素中，男人最渴望和最看重的是性爱；而女人最渴望和最看重的则是责任。结论是：男人不了解女人最需要的是什么；同样，女人也不了解男人最需要的是什么。

这种认知上的偏差与错位，必然导致双方在态度与行为上的不协调，甚至彼此抱怨和指责：男人抱怨女人"不理解自己"甚至"性冷淡"，而女人则指责男人"太动物"甚至"没出息"。

由此造成的一系列后果是：

·婚姻质量不高。（前面我们已经探讨过，性爱是婚姻关系中最核心、最本质的职能之一）

·给"第三者"预备出"最大的缝"。

·丈夫有寻花问柳的借口。

·恶性循环，甚至给男人提出离婚而法律又予以支持的正当理由。

可见，忽视性爱的危害有多大。

而聪明女性的最聪明之处，恰恰是了解男人这一"人性的最基本的需要"，在竭尽"妇道"的同时，也使自己心身得到充分满足，使自己的男人"离不开自己""打都打不走"，至于婚姻中存在的其他问题，通通不在话下，均可迎刃而解。

这么便宜的事，很多女性居然看不明白！

缺少阴柔之美

大自然的造化，一切都分为阴阳两极：白天与黑夜、高山与河流、陆地与海洋、天空与大地、生命与死亡。

人类作为大自然的一分子，同样也不例外：男人就要"像个男人"，要有男人的阳刚之气；女人就要"像个女人"，要有女人的阴柔之美。

这其实是生活中很简单的道理，但许多女性活得并不明白，偏偏要追求力量与阳刚，从而引发一系列问题，主要表现在两个方面：

第一，在工作和事业上过分好胜，"巾帼不让须眉"。但一个显而易见的事实是：虽然不能说女强人没有一个在婚姻和家庭生活中是幸福的，但即使有也只是极少数。

第二，在家庭生活中也追求"强势"，要"征服"对方、"控制"对方、"压倒"对方，家里所有的一切她都要"说了算"，且常常"引以为豪"。但她不知道的事实是：旁人称其为"悍妇"，丈夫称其为"黄脸婆"，而孩子则背后称其为"母老虎"。

只有几种情况使得这种婚姻可以维持：一是丈夫极有涵养和度量，委曲求全，顾全大局；二是丈夫在各方面都"没本事"；三是丈夫软弱或属于依赖型性格；四是丈夫是"受虐狂"或"女性化"。

后两种情况，这夫妻俩也算"般配"，尤其是假如女方是"虐待狂"，而男方又恰恰是"受虐狂"时，他们岂不是天造地设的一对？

第二种情况生活中也不是没有。很多女人感叹："总得有个人把这个家撑起来吧，他没本事，我再不要点强，这个家还怎么过啊！"此种情况确属无奈，也无可厚非。

而生活中最为常见的情形则是第一种情况，这种"丈夫"着实令人敬重，又多少有些可怜。

这其中的误区，还在于女方的"角色错位"。

通常情况下，男人找对象，或是我们评价一个女性的长处和美德，大多离不开"温柔"二字。

"温柔"就是指女性的"阴柔之美"，无论从生理层面还是个性特征来讲，"温柔"无疑是一个女性最令人着迷的品质和最强有力的武器。

从这个意义上讲，"温柔"是女性的专利，也是诱惑男人、征服男人并最终取得胜利的法宝。如果一个男人他"没病"的话，没有一个男人不喜欢"温柔"的女性。

经常有女性找我咨询，说她丈夫"那方面不行"或是"没本事"，经过了解情况，多半是因为她"太有本事"或"太行了"，原因常常源于她们自身，我会很通俗地忠告她们："你'硬'他就'软'，你'软'他就'硬'。"

道理，往往就这么简单。

我对一个女性的最高评价，就是这个女人很有"女人味"，而"女人味"的核心内容，当然就是指她的"阴柔之美"了。

单调乏味

有很多女性抱怨，自己的生活太单调、太乏味了。

"每天都是上班、下班、做家务，日复一日，月复一月，年复一年，什么时候是个头啊！今天就知道明天做些什么，后天也不过如此，这不是我过去想要的生活呀！"

然而这种现象，可以说是当今中国大多数女性"生存状态"的真实写照。

"我要快乐，我要那种心跳的感觉。"

"我不要麻木，我再也不要这样活。"

不过是"想想"罢了。"我要……"最终变成"那不行"，而"我不要……"也最终变成"不得不"。因为，连歌词里都这么唱，"平平淡淡才是真"！

可见，"要心跳"还是"要平淡"完全是自己"选择"的结果。

在第七章里，我介绍过"感觉剥夺实验"，一个人处于过分单调与乏味的生活状态，处于"感觉被剥夺"状态，或是长期处于"无意义状态"，就会出现烦躁不安、易怒、焦虑、紧张、对未来无法把握等情绪与心理症状。通俗地讲，一个人老是不"跟着感觉走"，久而久之，她就"没感觉了"。

生活压力太大不利于心理健康，压力不足或缺乏压力也不利于心理健康。

有一点可以肯定，过分单调和乏味的生活质量肯定是不高的。都说僧侣由于每天只是念经、打坐，因而长寿，如果做一番科学的统计，我看未必。

男人的生活要比女人丰富得多，他们可以找种种借口在外面"应酬"。女性为什么不可以"应酬"呢？为什么不可以使自己的生活多一些色彩和变化呢？除了购物和消费，为什么不可以培养一些更具建设性的兴趣和爱好呢？

不妨对丈夫说"NO"——我不干了！不妨找几个好友，咱也"HAPPY"一次；不妨办个健身卡，运动不仅可以美体，还可以使大脑产生"快乐因子"，使心情好起来；不妨当一回志愿者，在"爱人"的同时，也在自己的内心产生一种"崇高"的感觉；不妨去"冒一次险"，或蹦极，或攀岩，让自己也有一次"心跳"的感觉；不妨喝一点酒；不妨适当放纵一下自己……

其实，这都是你的权利。有活力、有激情的生活不仅有利于心理健康，还是保持青春、延缓衰老的"秘诀"。

不妨试试。

忽视男方家庭

这是许多不聪明女性的"最不聪明"之处，也是女性朋友最为常见的心理误区。

很多女性头脑简单得可爱："我嫁的是他这个人，而不是他们全家。"这里面当然也有男人的"训导"："亲爱的，天底下我只爱你一个人！"说这话的时候，男人们把父母、家人都"暂时"藏了起来……

"你妈怎么那么多事？！"

"你们家怎么那么多事？！"

"你妈想的是你，干吗非得让我们娘儿俩每次都和你一块儿回家？"

"爷爷奶奶想孩子，那他们为什么不来看孩子，非得咱们去？"

"你们家总是有麻烦事儿找你，有好事儿的时候，为什么老想着老二老三？"

"老在这儿陪床，耽误多少事儿，找个保姆不得了！"

"我再也不登你们家门儿了，孩子我也不让他去！"

……

以上这些话，常常是很多女性挂在嘴边的话。无须分析，只要"换位思考"一下就知道对错了。如果你的丈夫说出上述内容的话，你不翻脸才怪。

我们说，在生活中，亲情、友情、爱情三者都是必需品，而不是奢侈品，它们各领千秋，缺一不可。可有些女性却盲目自信到以为自己的丈夫可以为了她不要亲情的地步。

由于中国传统文化的影响，女孩嫁出去，就是"泼出去的水"，而男孩，则要"延续家里的香火"。因此，男性的家族观念是刻在骨子里的，"光宗耀祖"几乎是每个中国男人梦寐以求的心愿。亲情、友情、爱情，三者孰轻孰重，每个男人都"心中有数"。

也因此，男士们常常自嘲"像风箱里的老鼠——两头受气"，左右为难之际，感叹"忠孝不能两全"，在"怀念旧社会"的同时，"你该咋说咋说，我该咋办咋办！"上有政策，下有对策。因为你不聪明，男士只得变得"更聪明"了。

中国政府曾多次警告"台独"分子："任何企图分裂中华民族、破坏祖国统一的言行都是不能容忍的！"为什么？骨肉亲情，一脉相承，血浓于水！

看来有些女同胞"政治"学得不好，"政治素质"不高。

相反，男同胞们在这方面大多比较聪明，我们很少听说谁谁谁和丈母娘搞不到一块儿的。

我也私下里听到不止一个哥们儿说过："只要她对我妈好，对我们家好，对我差点儿赖点儿我都能忍！"

瞧人家，多高的"政治素质"，多高的"觉悟"！

在这方面，我又不得不号召女同胞们"向男人学习"了。

聪明的女性，总是在这方面让她的丈夫"顺顺心心的"，更有才的，则打入"敌人"内部，和婆家的关系搞得火热，甚至要超过那做儿子的，有时丈夫嘴里还流露出"醋意"，其实心里就一个字儿：美！

做媳妇做到这份儿上，那才是顶尖高手。

把丈夫送人

真有这么大方的女人吗？有，而且为数不少。

不止一个女人来看心理医生，仅仅是因为当初的轻言分手，现在"连肠子都悔青了"：

"大夫，你说我傻不傻，当初我为什么那么冲动，那么轻率！他不就是找了个小妖精嘛，起码，我是他法律上名正言顺的妻子。他再傻，也知道为我和孩子考虑，起码百分之八十以上的收入要交给我，我有名有分，孩子也有一个完整的家……

"可偏偏当时就接受不了，就傻了，就找他闹，找那小妖精闹，在家里闹，上他们单位闹，这闹来闹去的，把他的心也闹凉了，把他闹到人家怀里去了，还真把他们一对狗男女给闹成了……

"我现在啥都没有了，人没了，钱也没了，我后悔啊，又要脸面，在别人面前强撑着，每当我一个人静下来的时候，眼泪就止不住往下流，吃不下饭，睡不好觉，我这个悔，这个恨啊！可我知道，是我，都是我自己把丈夫送人的，成全了人家……"

俗话说得好：冲动是魔鬼。上述现象，"冲动"不仅是魔鬼，还成了人家的"媒人"。

女性是容易情绪化的，这反映在生活的方方面面，但在如此"大是大非"的问题面前，如果你不能保持沉着、冷静和理智，势必"一失足成千古恨"。

丈夫这样做肯定不对，婚姻出了问题也没有关系，关键是看她自己如何归因，如何面对，又如何解决。

理解、珍惜和包容不能只是挂在嘴边，而要落实到行动上。

我有一个朋友，也是一不留神，走火入魔，他的妻子得知后，也非常痛苦，但这位朋友之妻是一个相当聪明、相当理性的人。她给自己的老公写了封信，表达自己得知此事后的真实感受，包括痛苦、伤心、委屈，甚至愤怒；回顾他们从相识、相恋到结婚以及婚后的美好时光，对来之不易的现状表示珍惜与留恋；分析自己的不足，并检讨出了这样的事自己应该承担责任；表示她不会找那个女人"理论"，认为那样会让三个人难堪，而且"有失身份"；她让丈夫自己做出选择，并表示任何一种选择她都会接受并尊重他的选择。

结局可想而知，我那位朋友乖乖地回家了。

是"推"还是"拉"，有时只在一念之间；是"聪明"还是"不聪明"，有时就差那么一点点。

嫁鸡随鸡，嫁狗随狗

有一位女士找我咨询。

"我现在真的非常矛盾，非常痛苦。我和老公结婚五年了，有一个小孩，我们俩都在一家高档洗浴中心打工，他搓澡，我做足疗……

"我们俩是老乡，原来也不认识，是通过老乡才认识的，当时我觉得他这人还不错，踏实勤奋，对我也蛮好，认识不到一年就结婚了，现在小孩已经三岁了。

"开始还好，自从有了孩子，他就像变了个人一样，对我好凶好凶，打骂成了家常便饭，姐妹们都知道，我身上经常青一块紫一块的。最可恶的是，他现在又和另外一个女孩好上了，也是我们老乡，已经住在一起了，有两个月没有回家了。

"他搓澡技术好，客人们都愿意找他，老板给他定的提成也高，所以钱这方面他不成问题，他们俩在外面租房子住。

"不瞒你说，大夫，我原来是做小姐的，什么都做，干了几年，也挣了些钱，你说我什么样的男人没见过，有大款、老板想包我，也有真心喜欢我、爱我、愿意娶我的，这是真的。干我们这一行，真的、假的都能看得出来。有一个男的，对我很痴情，有几个月，几乎天天来找我'出台'，每天晚上都在外面等着我，送我回家，在我身上花了好多钱。后来听说他的钱都是向别人借的债，他劝我不要再干这行了，说等他挣够钱就来娶我，现在他进去了，判了 10 年，听说是因为抢劫……

"自从认识我现在的老公，我就不干那行了，改做足疗什么的，挣钱是少多了，但心里踏实。我老公他也知道我原来是做那行的，刚认识时就知道，他说他不在乎，当时我好感动，从那以后我就不做了，而且真的是一心一意跟他好好过，'嫁鸡随鸡、嫁狗随狗'吧。

"可他现在对我一点情分都没了，打我不说，又在外面找女人，听说还不止一个。我想离婚，又不想离，我真不知道该怎么办……"

……

"嫁鸡随鸡，嫁狗随狗"，是大多数女性根深蒂固的一种认知。大多数的中国女性，在婚姻的选择上，从一开始就比较被动，"因为被爱，所以爱"，几乎是通常的模式，选择婚姻另一方的态度，往往是"人还不坏""差不多就是他了"。

及至成家，"生米做成熟饭"，女人们常常抱一种"认命"的观点，丈夫再不好，也得忍气吞声、委曲求全，为父母择婿，为孩子惜家，甘心被命运摆布，而全无自主、自强的勇气与行为。即使是找闺中密友诉苦，对方也不过说一些"男人都这样，你看我们家那位，还不如你老公呢"，或是"为了孩子，受点委屈就受点委屈吧"，或是"谁让咱们是女人呢，女人就是命苦，就认命吧"的安慰之语。

总之，在婚姻问题上，女人多半持"宿命论"的观点，说得最多的一句话，就是"嫁鸡随鸡，嫁狗随狗"了，即使对方"连鸡狗都不如"，也无可奈何，将就罢了。

造成这种现象的原因，主要有以下几种：

第一，现实的困境。离婚对双方都是一种伤害，但相比较而言，无论主动离婚还是被动离婚，女方的损失和伤害肯定是更大一些。客观的现实是：社会对男性较为宽容，离婚男性重新择偶和再婚的选择余地也较大，甚至很多人都成了抢手的"香饽饽"，不管离过婚的，还是未婚女性，都一拥而上，基本上没有"太嫌弃"的感觉；而女性则不同，离过婚的女性就犹如"明日黄花"，变得"不值钱"了，"大大掉价"，当然也存在着本人"怕井绳"的心理，因恐惧婚姻而不再主动，或"高不成，低不就"，这就造成大量的离婚女性重新择偶和再婚的余地相对男性要小得多的情况。当今游离在社会中的离婚女性（有些甚至还"相当优秀"）"一抓一大把"，而离婚男性较少就是例证。

第二，女性自身的宿命认知和"爱面子"心理。毕竟在当前的文化背景之下，离婚不是什么光彩的事，而且如此之大的事，可以说是牵一发而动全身，所有的亲朋好友、社会资源需要重新分配或重新建立，"受伤"的也不止一个人，加上未来生活的不确定性，所有这些都给女性设置了这样或那样的障碍。"没面子""不孝不慈"等他人取向往往成为女性无法突破的"藩篱"。

第三，社会对婚姻的期待。到目前为止，社会对成功婚姻的评判标准还不是婚姻本身的"品质和质量"如何，而是婚姻的"稳定性"如何。似乎两个人婚姻维持的时间越长久，这个婚姻就越成功，"银婚""金婚""钻石婚"成为被社会肯定、被众人羡慕的"好的婚姻"的标准，大家在恭贺新人时也常用"白头到老、百年好合"这一类陈词滥调，至于婚姻的质量如何，当事人感觉"幸福与不幸福"，反而并不重要，只要"不离不散"就好，因为这有利于家庭与社会的安定与和谐，但对不幸婚姻中的个体而言，则是残酷且不公平的。

以上这三种原因可能还会持续相当长的时间。但有一点可以肯定，随着人们权利意识的增强和女性经济上的进一步独立，以及文明社会"包容特征"的形成，追求婚姻内在质量而不是外在的稳定性，必将成为越来越多女性的共识。起码，如果对方"鸡狗不如"，这样的劣质婚姻，大家会果断放弃。

"好太太"的特征描述

- 是一个独立、自尊，多少带点自恋的人。
- 是一个甘心情愿当"副政委"的人。
- 是一个懂得把自己打扮得比较"性感"的人。
- 比较少的唠叨、指责和抱怨。
- 懂得经常赞美并欣赏自己的丈夫。
- 有一定的知识和文化水准。

· 能关爱和照顾好丈夫的家人。

· 和丈夫有较多的肢体接触。

· 与丈夫保持相对和谐、稳定、适度的性生活。

· 有时像"姐姐"和"母亲"一样关爱自己的丈夫。

· 更多的时候扮演"妹妹"的角色。

· 了解男人都有"被需要感"。

· 在外人面前，能够给足丈夫"面子"。

· 遇到危机，懂得珍惜与宽容。

· 和他家族中的其中一个人保持亲密关系。

· 永远不会忽视他的父母。

· 有自己的朋友、兴趣爱好和自己的社交圈。

· 有相对稳定的工作。

· 有些懒散和随意。

· 丈夫在她面前感到"不累"，而不必"装"。

· 能够适当给丈夫一些"私人空间"。

· 不翻看丈夫的手机和电脑中的"个人资料"。

· 懂得"温柔"永远是最强有力的武器。

· "以柔克刚"而不是"以刚制刚"。

· 不轻言分手。

· 及时向丈夫表达自己的各种真实感受。

· 务必让丈夫分担一定的家务。

· 经常与丈夫讨论孩子的问题，并尽可能达成一致意见。

· 丈夫管教孩子时，与丈夫保持一致。

· 每周至少有一次两个人单独相处的时间。

· 会打扮自己，不输给别的女人。

· 会适时、适当地向丈夫表达感恩之情。

· 能与丈夫共同面对可能出现的危机。

· 丈夫工作上的事除非他主动提起，决不"干政"。

· 至少有一到两个"闺中密友"。

· 至少有一项与丈夫共同的兴趣和爱好。

· 学会做一个"小女人"，而不是"女强人"。

· 永远不把"性"当作惩罚对方的手段。

· 永远不要尝试去做别人的情人。

· 永远切记：性生活不仅仅是一种生理需要。

· 接受"这个世界是男人的世界"这一事实。

· 不企图"改变"和"控制"自己的丈夫。

· 向陌生人献爱心，或去做志愿者。

· 时刻让丈夫感受到你对他的关心与牵挂。

· 让丈夫感受到至少他和孩子同样重要。

· 充分信任你的丈夫。

· 切记爱的真谛是"付出"而不是"索取"。

· 做一个快乐的女人，才会给他带来快乐。

上述方面你也许不能全部做到，但做到80%，你就是一个聪明而智慧的女人，一个"好太太"了。

○ ▶ ▶ ▶

■ Chapter thirteen

第十三章　**爱生爱，恨生恨**
—— 一个临床心理学家的人生哲学

"爱"是什么

"爱"是我们生活中最常用的字眼，然而"爱"是什么，或者究竟什么是"爱"，似乎古今中外的学者们并没有给出一个令人满意的答案，所以至今"爱"的概念仍显得相当模糊和笼统。但是大家又似乎明白"爱"的含义，不然人们就不会如此频繁地使用和重视"爱"这个字眼了。

坦白地讲，对类似的"只可意会，不可言传"的概念，真的给出一个精确的定义的确是件很困难的事，而且也是不明智的，甚至是有一定风险的。但是如果不冒险，不试着去探讨的话，恐怕我们永远会这样"模糊"与"笼统"下去，从而在心理上产生一种"不确定感"，对于一名心理学者，这不能不说是一个挑战。

下面，我试图从生活中"爱"的三种常见表现形式和情境，对"爱是什么"做相对细致和探索式的描述。

这三种最为常见的表现形式为：①母爱：母亲对孩子的爱（需要指出的是，在这里所说的"母爱"，是一种"理想状态的母爱"）；②情爱：恋人之间的爱；③博爱：对陌生人的爱。

1. 爱是一种关注

几乎无一例外地，没有"关注"就没有"爱"。

我们每个人的眼睛，总是"关注"着自己喜爱的人或事。

一张可爱的婴儿的脸，一位美女，一片美丽的景色，总让我们"看不够"，或"盯住不放"，并常常用"太可爱了""太美了""美不胜收"来表达我们的感受。

一个母亲，最最"关注"的是她的孩子；一对热恋中的人，最最"关注"的是他（她）的爱人；对于陌生人，"人人献出一份爱"，首先，也是"关注"。

与此相反的情形是，对于我们"不爱"的人或事，我们一般是"忽视"或"不屑一顾"的。

一个孩子，最怕妈妈说"我不管你了"，这里的"管"与"不管"，事实上也是"关注"与"不再关注"的意思；而当一个女孩对她的好友说"他不爱我了"，这里的"不爱"，实际上也是"不再关注""不再在乎"的意思；当我们说一个人没有"爱心"时，也是指他对需要帮助的陌生人的"漠视"或"熟视无睹"，至少是"不关注"。

2. 爱是一种付出和奉献

这是爱的"本质"和"真谛"。我们很难想象，假如没有"付出"和"奉献"，还能称得上"爱"吗？

"母爱"之所以伟大，就在于母亲对孩子的"付出"和"无私奉献"，为了孩子，她可以"付出"和"奉献"一切，包括她的生命。

古今中外，文学作品中所歌颂和赞美的"理想的爱情"，"付出"与"奉献"更是不朽的主题。同样，感人的"爱情悲剧"，"相爱"的一方或双方，为了"爱"，甚至可以不惜牺牲自己的生命；而当"爱情"死亡时，"留恋"的一方之所以难以割舍、痛不欲生，恰恰是怀念对方为自己曾经的"付出"

与"奉献"。

所谓"问世间，情为何物，直教人生死相许"，这其中的"生死相许"不正是"付出"与"奉献"的极致表现吗？！

相对于以上两种情况，我们所提倡的"博爱"或对陌生人的爱，则更是不含任何功利色彩的"付出"与"奉献"了。

3.爱是一种欣赏，还有一些崇拜

当一个母亲怀抱着她的婴儿，看着他的小脸儿；当孩子蹒跚学步，或是长大成人以后，母亲含情脉脉地"欣赏"她的"产品"或"作品"时，不就像一个艺术家那样，对自己的"作品"或多或少有一些"欣赏"和"崇拜"，并引以为豪吗？

相爱的男女双方，"欣赏"与"崇拜"更是不可或缺的。我们难以想象，一个女孩对一个男孩如果没有"欣赏"和"崇拜"，她会拨动心弦，会产生"爱"，会有"嫁给他"的冲动；反之亦然。最重要的，"欣赏"和"崇拜"恰恰是"爱情"里最动人也最令人神往的"核心"。不过遗憾的是，"爱情"中这一激动人心的特质，往往来得快去得也快。所谓"没了激情"，甚至"没感觉了"，正是"欣赏"与"崇拜"渐渐消退的结果。

至于"博爱"，则是建立在我们对于我们的同类——人，以及对待所有生灵和大自然的"欣赏"与"崇拜"的理念与认知之上的产物。

4.爱是一种需要和被需要

和其他动物一样，"舐犊之情"是母亲对孩子的本能需要，同样，孩子从一生下来就会"无师自通"地吸吮妈妈的乳头，这也是一种本能需要。所以，母亲对孩子的爱是一种"需要"，与此同时，这种需要还满足了母亲的一种"被需要"感。

同样，"男大当婚、女大当嫁"也是一种"需要"，这种"需要"，不仅仅是个体本能的需要，同时也是一种社会文化产物，即到了一定年龄，即使你自己并不想结婚，"父母"与"社会"的压力也会迫使绝大多数的适龄男女就范，因为对"父母""家庭"和"社会"而言，这也是他们的"需要"。

热恋中的情人，会以"我需要你""我也需要你""我更需要你""我不能失去你""我不能没有你"来表达自己的炽热与幸福之情。

而假如其中一方变得不再"被需要"，则爱情肯定会亮起红灯，从这个意义上讲，失恋其实就意味着"一方不再被对方需要"。

而"被需要"，则更容易演变成爱情与婚姻中的"爱的义务与责任"，这也是很多不幸的"爱情"与"婚姻"得以维持的重要原因。

博爱，也是因为被爱者"需要"，与此同时，也满足了我们自己的一种"被需要"感，并产生一种"道德愉快"。

5. 爱是一种关心

与上述谈到的"关注"有所不同的是，"关心"是爱的主要内涵。我们可以"关注"某一个人或某件事，但我们不一定"爱"。而"关心"，则肯定是"爱"的重要内容。

母亲在"关注"她的孩子时，更多的是无微不至的"关心"。

恋爱的前奏往往是从"关心"一个人开始的。两人一旦相爱，则彼此更加"关心"，即使是没有激情的婚姻，夫妻之间可以没有"欣赏"、没有"崇拜"、没有"需要"，甚至没有"付出"与"奉献"，但不可能没有"关心"。"关心"既是爱的前提，也是爱的结果，因此也可以说，没有"关心"，根本就没有爱。

博爱，则是我们对陌生人的"关心"。

6. 爱是一种理解

现在大家都在说"理解万岁"，但究竟什么是"理解"，恐怕大多数人未必答得上来。对知识和事物的"理解"，仅仅是"我懂了""我知道了"，比如"1＋1＝2""两个氢离子与一个氧离子可以结合成水"。但在人与人的交往中，我们所说的"理解万岁"，这其中的"理解"二字，我给它的定义是"一种设身处地的能力"。

结合我们上述提到的三种现象：

母爱，肯定意味着母亲对孩子的"理解"，甚至有些母亲常常会向别人夸耀自己"我最理解我儿子了"，其潜台词是"我比别人都更'爱'他"；而当一个母亲对别人说"我真不理解，他为什么会那样做"时，则显然流露出，她的母爱并没有像她预期的那样得到回报，是"白疼（爱）他了"。

爱情更是如此，打动对方的心，往往靠的是"理解"。一个女孩会对她的闺中好友说"我觉得他挺'理解'我的"，这说明"理解"已打动了她的"芳心"；热恋中的人也常常会向别人炫耀"我觉得他（她）'最理解'我了"；而即将步入婚姻殿堂的双方，不论是要"娶"的还是要"嫁"的，肯定坚信对方是一个"理解"自己的人，以至于结婚后，两口子吵架，不也把"别人不'理解'我，难道你也不'理解'我"挂在嘴边吗？甚至婚姻最终破裂，其理由也常常是"他（她）不理解我！"

可见，"理解"是"爱"的核心内容之一，尤其在两性之间的情爱当中更是如此。

博爱，又何尝不是如此，"一方有难，八方支援"，因为"设身处地"，因为"理解"，所以博爱。

7. 爱是一种尊重

"尊重"是指实事求是地看待人和事物的独特性。"尊重"也意味着"我虽然不同意或不喜欢，但也不反对你按照你原有的样子去发展、去成长"。

母亲对孩子是否"尊重"（前面已经假设过，这里所谈到的母亲，是我们心目中理想的母亲，尽管在现实中并不多见），是衡量母爱是否理想的重要标准之一。如果母爱中不含"尊重"，而仅仅是"控制"和"占有"，这其中的"爱"就要大打折扣了。

这其中的道理还在于，一个孩子，如果从小在母亲那里得不到"尊重"（爱），他长大之后，也就不懂得"尊重"（爱）他人，从而导致其人际关系障碍或出现种种心理问题。从这个意义上讲，在"母爱"当中，"尊重"是至关重要的，缺乏"尊重"的母爱是病态的、不健康的，关于这一点，我认为怎么强调都不过分。

在爱情当中，彼此的"尊重"更是"爱"的基本前提。女孩子爱上一个人，常常是因为男方"尊重"自己，正因为"尊重"，所以男方表现得很"绅士"！谁会愿意嫁给一个不懂得"尊重"别人、狂妄自负、自傲、偏执甚至十恶不赦的坏蛋呢？同理，男孩也因为被女孩"尊重"而"感觉良好"，感受到自己作为一个男人、一个男子汉的"尊严"。相互"尊重"往往是"爱"的前奏，"尊重"引导双方坠入爱河，步入婚姻。

爱情还意味着：如果你爱这个人，你就要"尊重"他的本来面目，而不是试图去征服他、改变他和控制他，使他成为你所希望的样子。一来他就是他，他就是这样子，一般人很难被改变，也不愿意改变；二来即使他被改变了，他还是"他"吗？且不说你满意与否，他自己肯定不满意，因为他没有得到"尊重"。

而所谓婚姻中的"大男子主义"，则是指男方对女方不够"尊重"，其极端的表现形式则是"家庭暴力"；而家中的"母老虎"，情形则正好相反，是指女方对男方不"尊重"。这又分两种情况：一种情况是，如果男方是"猫"，或忍耐压抑，或忍辱负重、顾全大局，或"惹不起躲得起"，选择逃避，或由"爱的缺失"，生理和心理得不到满足而另寻"芳草"，另寻一个能够得到"尊重"的温柔之乡，那就肯定出麻烦了；另一种情况是，假如男方也是一只"老虎"，这日子恐怕就没法过了。同理，如果男方对女方不够"尊重"，女方同样也可能会由于"爱的缺失"而"红杏出墙"。

当今中国的婚姻现实是：男方大多对女方父母和家族相当"尊重"，所以我们很少听说女婿和丈母娘如何合不来；而往往是女方与男方父母和家族"弄不到一块儿"，最为典型的就是"婆媳不和"。造成这种现象的原因，除了上述我们分析过的如"理解"、"付出"与"奉献"、"关心"与"关注"等"爱"的缺失外，女方对男方父母和家族缺乏"尊重"也不能不说是个很重要的原因。因为男方很要"面子"，大多数男性会把女性对他家族成员是否"尊重"看得比女方是否"尊重"自己更加重要。

博爱，则是出自这样一种理念：每一个人的生命都是神圣的、宝贵的和独一无二的，所以每一个人都应当活得有尊严，应当受到"尊重"。

当我们说一个人"冷漠""麻木"或"残酷"时，事实上就是在做一个道德判断：这个人对人对事缺乏起码的"尊重"，所以才"没有爱心"。

因此我们说，爱是一种"尊重"，没有"尊重"的爱肯定是不完全的、不健康的，至少是"爱的缺失"。

8. 爱是一种信任

当一个母亲对她的孩子说"我爱你"时，这当中的"爱"字，包含了巨大的"信任"；反之亦然，当一个孩子感觉到这份"信任"，同时也就感受到了母爱的伟大。理想中的母爱是无条件的，同样，一个母亲对自己孩子的"信任"也是无条件的。每一个做母亲的，都相信自己的孩子长大以后肯定是个"好人"，有着成长与发展的"无限可能"，甚至很有可能是一个"响当当的人"，一个"名人"或"伟人"。

即使孩子犯了错误、犯了罪，或受了委屈，或是被人陷害栽赃，或是被全世界的人误会或误解，母亲的一句："孩子，不管别人怎样，妈妈永远爱你！"都会给孩子莫大的鼓舞，因为它包含着无限的"信任"。

同样，令一个小孩子最感委屈、伤心和担心的，莫过于来自母亲的"不信任"了，因为"不信任"的最可怕的后果，就是妈妈"不再爱他"了。

情爱也是如此，在"我爱你"的表白中，事实上也包含着无限的"信任"。为什么我"爱你"而不是"爱别人"，那是因为起码到目前为止，"你"是天底下让我"最信任"的人（相对于其他同龄异性而言）。这又怎能不令人感动呢？所以"我爱你"这句话，正如丘比特的爱神之箭，可以穿透对方的心。由此可见，"信任"的力量之大，"信任"在"爱"中的分量之大！

毫无疑问，假如我"不信任"你，"我爱你"这三个字是肯定说不出口的。道理很简单，没有"信任"，哪来的"爱"？！

爱情中的双方，如果一方对另一方失望，或是觉得对方不再值得自己去"爱"，那肯定是"信任的丧失"；而当双方决定"领证"之际，彼此的"信任"则肯定起着关键性的作用，试想，有谁会"娶"或会"嫁"一个自己"不信任"的人呢？我的一个哥们儿亲口对我说，当他拿到"结婚证"的那一瞬间，他觉得这证太沉重了，因为证里面包含着全部的"信任"，人家把自己的一生都托付给你了！

彼此"信任"的爱，会使双方感到轻松、愉快，沉浸在幸福之中而无"后顾之忧"；反之，一份"不信任"的爱，则肯定会使双方感到疲惫、受到伤害、心累、厌倦，由失望转而绝望，甚至"逃之夭夭"，因为"太累了"！

在婚姻当中，"不信任"的杀伤力巨大，即便"爱"的其他因素（上述所谈到的全部）都存在，仅仅因为"不信任"这一条，就足以给婚姻带来毁灭性的后果！

"不信任"的危害还在于，正如"毁树容易种树难"一样，对于一些自卑、敏感和多疑的人来说，即使对方并无过错，也很容易产生对对方的"不信任"，而一旦产生"不信任"，再重建"信任"就难了，即使一而再、再而三地认错、道歉，甚至在其他方面给予补偿，付出百倍的努力，也难"破镜重圆"！

道理也很简单，即使你对我"信任"了，我对"你对我的信任"却再也"不信任"了。

上面我们谈到的是"信任"在"爱"中的分量。

有两种情况需另当别论：

一种情况是婚姻中的一方的确做了让另一方"不信任"的事，使对方受到了伤害，从而产生"不信任感"。这种情况在现实生活中比较常见，"一方"除认错与道歉外，通过实际行动重新赢得"另一方"的"信任"，还是有可能的。但这种"信任"已大打折扣，"不信任"的阴影将始终存在，两个人的婚姻质量也会因此而无法"和好如初"。

另一种情况是一方"有病"，出现"嫉妒妄想"，即在对方"无过错"的情况下，老是怀疑对方有外遇或对自己不忠，甚至跟踪、监视对方，查看对方手机，不允许对方与任何异性交往等。这是一种"病态"，这种"不信任"是无法通过事实或解释消除的。唯一的办法，就是带当事人去看心理医生或精神科医生，必须使用药物治疗，以控制其"妄想"，别无他法。

博爱的行为，当然也是基于对"人性本善"的"信任"，尤其是对"爱生爱"的"信任"。我们不会帮助一个已知的骗子和恶棍。需要注意的是，盲目的"信任"往往会成为"恶的土壤"，甚至有可能不自觉地成为"恶的帮凶"，因为现在的"骗子"和"恶棍"都太"信任"我们的善良了。

9. 爱是一种包容

"包容"意味着无条件接纳或接受，不论"好的"还是"不好的"，"优点"还是"缺点"，尤其指对负面事物的接纳或接受，所谓"有容乃大"。

母爱的重要成分之一，肯定是"包容"。当孩子调皮捣蛋时，他知道这样做是不对的，但做了也无妨，因为妈妈是"爱"他的，这里的"爱"就是"包容"。非但如此，即使他长大了，也可能会有意去做一些错事或坏事，或是明知在外面惹了祸，回到家里还不认错或是耍赖皮、不讲理，这也是因为他知道妈妈会"包容"他的。

当然，过分的"包容"就是"溺爱"，而对孩子"不包容"则是"过分苛求"，这两种情况对孩子的成长均不利。

爱情中的"包容"同母爱不一样，母亲对孩子的"包容"是无条件的，是一种"不得不"，因为"他是我的孩子"，所以即使他是个罪犯，"我还是要爱（包容）他"；爱情中的"包容"尽管同样存在着"不得不"，因为"十全十美的人是不存在的",所以在选择对象时,只得退而求其次,寻找一个对自己而言"相对完美"的人。这里面有一种"我不得不'包容'"的味道,因为"我不得不去爱一个吧",但这种"包容"(或是爱)是有条件的,有些东西我可以"包容",有些则"不能包容",当完全"不能包容"时,就意味着这段感情的结束。

"能包容"还是"不能包容"的心理冲突,也是彼此双方决定是否"结婚"的关键因素。

一旦结婚,"包容"似乎也成为一种"不得不"的现实,"嫁鸡随鸡、嫁狗随狗"和"婚前睁大双眼,婚后睁一只眼闭一只眼"的心态,正是这种情形的最好写照。

于是,"包容"与"不包容","包容"得好还是不好,直接决定着婚姻质量。

如果双方都"不包容",所谓"水火不相容""针尖对麦芒",这种婚姻肯定冲突不断,互相伤害,彼此都会十分痛苦,都会说自己"瞎了眼",如果不是分手的话,其结局肯定也是因"打了一辈子架"而抱憾终生。

如果一方"包容"而另一方"不包容",则只能以"包容"的一方"委曲求全""忍辱负重"为代价,以维持感情的和谐和家庭的稳定。目前有相当一部分婚姻属于这种情况。

而假如双方都"包容"的话,则说明双方均已悟得"爱的真谛",从而"投脾气""说得来""互谅互让"而"十分默契",持一种总的来说"我好,你也好"的认知与信念而美满和谐、家庭幸福。只是在现实生活当中,这种情况少之又少。

10. 爱是一种承诺

"承诺",既是一种"选择",又是一种"决定",同时也意味着"义务"与"责任"。

当一个母亲对她的孩子说"我爱你"时,她就做出了一种"选择"、一个"决定"，同时也意味着"我会为你承担义务和责任"，因此，爱是一种"承诺"；反之，当一个孩子听到妈妈吓唬他说"我再也不爱你了"，他就会感到极度恐惧和悲伤，因为这是另一种"承诺"——"我决定不再管你，不再对你承担义务和责任了"。

爱情也是如此，当一个男孩子对一个女孩子说"我爱你"时，同样表达的是一种"承诺"——我"选择"了你，这对我来讲，可是一个天大的"决定"，今生今世，我会照顾你、呵护你，为你遮风挡雨，与你白头到老，为你承担"义务"和"责任"！反之亦然。

没有"承诺"的爱是"不安全""不确定"的。当一个女孩非要一个男孩从他的嘴里说出"我爱你"这三个字的时候，实质上，她要的就是一种"承诺"，一种安全感和确定感；而当一个男孩不是"羞于"而是"不敢"说出这三个字时，事实上说明他还没有做最终的决定，于是不敢做出"承诺"。

正如"爱"是会变化的一样，"承诺"也存在着变化，并视两个人的关系亲密程度，随着时间与生活事件的变化而变化。

热恋当中的人，"承诺"得最多、最频繁、最坚决，也最真诚，诸如"海枯石烂，永不变心""如要变心，天打五雷轰，不得好死""今生今世，我只爱你一个"，等等。

结婚以后，这种"承诺"会日渐减少，甚至因"生米已做成熟饭"而不再"承诺"，或者以"都老夫老妻了"为借口常常"蒙混过关"。当婚姻生活没了"承诺"，也就没了"浪漫"与"情调"，就像一杯白开水了。

当两个人分手，则意味着过去所有的"承诺"都化为乌有。不再"承诺"，从某种意义上讲，其实也就是不再"爱"的同义词，没了"承诺"也就没了"爱"。

同样，博爱也是一种"承诺"，只不过这种"承诺"是给陌生人的，"仓廪实而知荣辱"，博爱意味着一种更高境界的"承诺"，无论是孟子的"穷则独善其身，达则兼善天下"，还是范仲淹的"先天下之忧而忧，后天下之乐而乐",不都是一种"承诺"吗?这种"承诺",是一种大爱,一种人生的最高境界。

11. 爱是一种珍惜与在乎

毫无疑问,对于一个母亲而言,在这个世界上,让她最为"珍惜"与"在乎"的,就是她的孩子了,当她对孩子说"我爱你"时,孩子当然能感受到,母亲是在表达对他的"珍惜"和"在乎"。

同样,两个相爱的人在说"我爱你"时,表达的是同样的意思,只不过,由于情爱的非理性和狂热性,使其在程度上更上了一层楼,说者或听者都明白是"最珍惜"和"最在乎"的意思;而当爱情出现危机,其中的一方说"他(她)已经不爱我了"的时候,她(他)已经凭直觉,知道自己已经不再被对方"珍惜"和"在乎"了。

在爱情中,"珍惜"与"在乎"和"欣赏"与"崇拜"所不同的地方是,尽管随着时间的推移,可能不会像热恋时感觉那么强烈,会消退和减弱,但不会像"欣赏"与"崇拜"那样消退或减弱得那么迅速,一对老夫老妻可能谈不上彼此"欣赏"和"崇拜",但绝对可以问心无愧地说,他们彼此"最珍惜"与"最在乎"对方。

"珍惜"还具有排他性。在爱情中,"珍惜"就意味着"放弃",当你"最珍惜"和"最在乎"A时,也就意味着你放弃了B、C、D、E……而假如你想同时"最珍惜"和"最在乎"A、B、C甚至D、E时,那就惨了,你可能会"鸡飞蛋打",一个也得不到。

博爱是在母爱和情爱基础上"珍惜"与"在乎"的外延与扩展,如果一个人既"不珍惜"也"不在乎"陌生人,"博爱"又从何谈起呢?

12. 爱是一种牵挂

"牵挂"是一种牵魂连心的关切与挂念,与一般意义上的"惦念"不同的是,"惦念"是可以时不时的、可有可无的,而"牵挂"则是每时每刻的、魂牵梦萦的。"牵挂"是"爱"与"被爱"不在同一地理空间状态下的一种表现。爱的程度不同，"牵挂"的程度也不尽相同，但没有"牵挂"或"不牵挂"，则肯定就没有"爱"。

"儿行千里母担忧"是中国的一句老话，它形象地表述了"牵挂"在母爱中的含义和分量。事实也是如此，作为一个母亲，在这个世界上，可能最为"牵挂"的，就是她的孩子了，有时母亲也常常用"揪心"来形容自己的感受，其本质也是"牵挂"。而"被牵挂"，有时恰恰是"被爱"的同义词。

在爱情中也同样如此，我们难以想象，如果没有"牵挂之情"，那还能算得上是"爱情"吗？当你所爱的人不在身边，你肯定会"牵挂"，而且这种"牵挂"常常是"不可替代"的和"刻骨铭心"的，彼此的这种"牵挂"又构成了爱情中"最甜蜜的痛苦"——"思念"。即便是激情消退，"牵挂"总是陪伴在爱情全程。如果"不再牵挂"，就可以理解为"不再爱"了。被人"爱"，也是被人"牵挂"，这正是爱情中最迷人、最让人神魂颠倒之处。

博爱，则是一种对素不相识的人的"牵挂"。当"一方有难"时，人们献爱心，捐款捐物，以各种方式伸出援手，其基本动机，也正是出于"牵挂"。

所以说，"牵挂"是爱的一种重要表现方式，也是爱的核心内涵之一。

13. 爱是一种幸福体验

"幸福"，是一种主观感受，是一种喜悦、快乐、美好的体验。无论"爱"与"被爱"，都伴有这样一种"幸福"的体验；而与此相反，一个从小就缺乏爱，也不懂得去爱别人的人无疑是"不幸福"的。所以，"幸福"是爱的共性之一。

母爱正是这样一种"幸福"体验。我们经常会发现，当一个母亲向别人说起她的孩子时，她的眼睛会放出光彩，那种沉浸其中的快乐和喜悦就溢于言表，好像她是这个世界上"最幸福"的人。

情爱也同样如此，尽管情爱中也有不快和痛苦，但沉浸其中的人也常常把它描述为"幸福的痛苦"，或"甜蜜的痛苦"，以此向外界说明，他（她）现在是世界上"最最幸福"的人。这是爱情的共性，也是最具特征性和最激动人心的"高峰体验"。反之，假如当事人感觉不到"幸福"，这份爱很可能便就此打住了。

作为旁观者，我们也会常常关切地询问当事人："你觉得自己幸福吗？"或者"你是不是觉得自己不幸福？"

由此可见，"幸福"体验在爱情中的分量之重。

而一旦进入婚姻，真正感觉到"幸福"的人实在是少之又少，这就是"婚姻是爱情的坟墓"的由来。但日子还要过下去，这时候维持婚姻的，恐怕更多来自于爱的其他内涵，如"承诺"所带来的义务与责任、"尊重"与"包容"，等等。明知"不幸福"但仍然还在维持，这不能不说是大多数人的悲哀，也是我们人类社会所面临的现实困惑。

恐怕人们最不理解的是，为什么给陌生人"付出"与"奉献"（即博爱）也会幸福呢？前面我们已经探讨过，这是"道德愉快"使然，即利他行为可以使一个人的内心深处产生一种"道德愉快"，这同样是一种"幸福"体验，而且，由于无功利色彩，完全出于无私与爱心，所以这种"幸福"就显得更加高尚与神圣。由于博爱而产生的"幸福"感，其主要标志仅仅体现在人的精神层面，因此是一种大喜悦、大快乐！

上面我们探讨的是爱的普遍含义，尽管不可能尽善尽美，起码大家会对"爱是什么"有了一些更为详细和准确的理解，现总结如下：

·爱是一种关注；

·爱是一种付出与奉献；

·爱是一种欣赏与崇拜；

·爱是一种需要和被需要；

· 爱是一种关心；

· 爱是一种理解；

· 爱是一种尊重；

· 爱是一种信任；

· 爱是一种包容；

· 爱是一种承诺；

· 爱是一种珍惜与在乎；

· 爱是一种牵挂；

· 爱是一种幸福体验。

为了便于大家理解和记忆，上述种种共性，我把它们称之为"心理营养"，即爱是一种"心理营养"。这个词是我杜撰出来的，但我认为它可以更形象地表达和描述"爱是什么"这一极其抽象和笼统的概念。

正如我们每个人的身体都需要水、碳水化合物、蛋白质、脂肪、各种维生素和微量元素等各种"生理营养"一样，人的心理与精神生活同样也需要"关注""关心""理解""牵挂""尊重""信任""包容""承诺""珍惜""在乎"等"心理营养"。这些"心理营养"和我们身体需要的"生理营养"有以下共性：

① 都是生活"必需品"，而不是"奢侈品"。

② "生理营养"是我们身体健康的必要条件，"心理营养"是我们心理健康的必要条件。

③ "生理营养"缺乏可导致身体不健康或患病，"心理营养"缺乏则会导致心理不健康或罹患心理疾病。

④ 二者均需从外界获得。

⑤ 年龄越小，对这些"营养"的获取就显得越发重要。

⑥ "先天"不足，即"营养不良"或"营养被剥夺"，均可以"后天"予以弥补。

二者的不同点在于：

① 大家都十分了解"生理营养"的重要性，而只有极少数人知道"心理营养"同样重要（假如不是更重要的话）。

② "生理营养"有可能是有限的，但"心理营养"则是无限的，因为贫穷不一定没有爱。从这个意义上讲，"生理营养"与贫富有关，而"心理营养"则与贫富无关。

③ "生理营养"的缺乏，有时是无法改变的，但"心理营养"因与贫富无关，因而是人为的，是可以改变的。

④ 尽管先天"营养不良"后天可以弥补，但结局是不一样的。比如儿童身体上的营养不良可以通过"缺什么补什么"等方法纠正，一旦营养充足，一切就 OK 了；但如果一个人从小缺乏"心理营养"，尽管后天也可以弥补，但因"人的心理发育早期经验的重要性与不可替代性"，其预后则不太乐观。

⑤ 身体方面的营养缺乏没有"传染性"，对他人与社会既无益也无不利，起码不构成危害；而假如一个人缺乏"心理营养"，则会使个体产生不满、愤怒等情绪，甚至产生冲动与攻击行为，对他人及社会构成巨大的威胁，因而具有"传染性"，亦即"爱生爱，恨生恨"。关于"恨生恨"这一点，恐怕是最坏的，也是最可怕的后果。

除了上面所描述的"爱是心理营养"外，如果进行更加深入的探讨，我们不难发现，"爱"还有以下特征。

1. 爱是后天习得的，而不是与生俱来的

一个刚出生的婴儿是不懂得爱的。自然界中很多动物都有极强的生存本能，比如一只小鸡，只要破壳而出，它就可以自己去寻找食物；一匹刚刚诞生的小马驹，几分钟就能站立；产于水中的小蝌蚪，天生就会在水里

游弋。而人类，一个刚刚诞生的婴儿，如果没有成人的抚养，则必死无疑。

只有经过母亲（或其他人）的精心呵护与抚养，婴儿才会渐渐长大成人。而此时的婴儿，一切都极其被动，需要人照料、喂乳、抚爱，只知道本能地"索取"，以满足其自身的生理和低级需要，只渴望"被爱"，而不懂得"爱"。经由成人的照顾，当他"被爱"到一定年龄，才渐渐地"学会"去爱别人，比如用小手去抚摸母亲的面庞，给别人一个灿烂的笑脸，再大一些，他会有意识地去关心别人，比如一周岁的孩子大都会说："妈妈，吃饭饭。"这说明，他已经由被动的"被爱"，变成会主动"爱"别人了。

2.爱是主动的也是相互的，既是利己的也是利他的

以上对爱的描述，包括"关心""牵挂""付出""珍惜""承诺""包容"等，都是"主动"的态度与行为。与此同时，由于"彼此分享"，因而爱也是"相互的"。

爱的主动性还意味着：爱是自发的，发自内心的，而不是"做"出来给别人看的，爱是自己的一种需要，因此爱是利他的，也是利己的。"利己"与"利他"在"爱"中得以完美地体现，和谐而统一。"我幸福着你的幸福，快乐着你的快乐"，这句歌词便是这一事实的真实写照。

因此，在人与人之间，只一味地"索取"而不懂得"奉献"，那肯定不是爱，起码，说明他还不懂得爱。

3.爱是一种能力

正因为爱不是先天的，而是后天"学习"得来的，那么正如语言表达能力、社交能力、组织管理能力一样，爱也需要后天学习培养甚至历练而成。

在现实生活中，有的人了解爱、懂得爱，不但人际关系好，而且爱情、婚姻相对美满，事业也比较成功，对于这样的人，我们说他有"爱的能力"；

反之，有的人不了解爱，不懂得爱，常常把自己的生活弄得一塌糊涂，对于这样的人，我们说他缺乏"爱的能力"。

这一点，马克思在《1844年经济学哲学手稿》中有如下精彩的描述：

"如果你以人就是人，以及人同世界的关系是一种充满人性的关系为先决条件，那么，你只能用爱去换爱，用信任换取信任。如果你想欣赏艺术，你（首先）必须是一个有艺术修养的人；如果你想对他人施加影响，你必须是一个能促进和鼓舞他人的人。你同人及自然的每一种关系必须是你真正个人生活的一种特定的、符合你的意志对象的表现。

"如果你在爱别人，却没有唤起他人的爱，也就是你的爱作为一种爱情不能使双方产生爱情，如果作为一个正在爱的人，你不能把自己变成一个被人爱的人，那么你的爱情是软弱无力的，是一种不幸。"

4. 爱是消除孤独的良药

孤独是可怕的，有人曾对我说过：那种感觉仅次于死亡。

人类是群体生活的动物，这一点，从我上述谈到一个婴儿如果没有成人的抚养必定夭折就可以看出来。经由对母亲的依恋，渐渐地，母亲作为婴儿的一个"安全坐标"，开始发展他的人际关系，从而使其在时间和空间上，在身体和心理上，产生"归属感"，并以此来对抗对一些自然现象（如雷鸣、闪电和下雨）的恐惧，并消除其在人际中的孤独感。

无疑，爱，也只有爱，才能做到这一点。

一个有"爱的能力"的人，一个有着良好人际关系，有着"爱"与"被爱"的人，是不会感到孤独的，即使他身在异国他乡，或在地理空间上只有他一个人，在心理和精神层面他仍然不觉得孤独，因为他有"爱"。

5. 爱具有建设性，有利于一个人快速健康成长

在我们中国的文化习俗当中，一般说来，把结婚与否视为一个人成熟与否的标志。假如一个男子，到了三十多岁还未成家，人们仍然把他视为"男

孩"，而即使是一个十七八岁的男孩，只要成了家，人们就习惯于视其为一个"男人"了。

这不是没有道理的，一个人"爱过"与"没爱过"是有着很大差别的。我们不否认性爱（下面会讨论）的重要性，其他诸如关心他人、承诺义务与担当责任、尊重与包容等爱的能力，均会促使一个人快速成长。

一个事实是，恋爱过与没恋爱过的人是不一样的。恋爱过的人显得成熟，更能设身处地地理解他人；而没恋爱过的人则显得幼稚，凡事较自我中心，不会善解人意，甚至也不懂得珍惜、付出与奉献。

是爱，让彼此相爱的人都获得"新生"，从而加速了个体的成长。

因为在爱情中，你所寻求的，必定是那个能够帮助你更加认清自己，更能帮助你挖掘自己潜能的人，也就是更能帮助你自身更好、更快成长的那个人。结婚也不是爱的终点，毕竟结婚了，我们同样需要共同成长，而最能帮助你实现这一目标的，恰恰是你婚姻中的另外一个人。

性爱

性爱是爱的最普遍同时又最特殊的一种表现方式了。

性爱是最迷人的，也是最迷惑人的，是最令人神往的，也是最令人神魂颠倒的，同时也是一个人最易产生心理冲突和最令人苦恼、最令人悔恨的源泉。

需要特别指出的是，下面将要探讨的是性爱，而不是单纯的"性生活"，是指两个异性在相爱的基础上，在彼此相互信任和相互尊重的前提下自觉自愿的性生活。

性爱是异性之间最为亲密的一种人际关系。

与动物的性爱所不同的是，人类的性爱其基本职能已经发生了根本性的转变。除了繁衍后代的生殖功能，其主要职能已转化成享受和娱乐，也就是人们现在杜撰的一个词——性福。

性爱是每个人的基本权利，任何集体或个人都不能以任何理由和任何方式剥夺这种基本权利，否则就是不人道的。

作为爱的表现之一，性爱符合上述我们所描述的任何一种"爱的普遍含义"，比如"关注""信任""牵挂""理解""关心""需要与被需要""珍惜与在乎""幸福体验"等，只是需要在前面再加个"最"字。从这个意义上讲，性爱是爱的最高表现形式。

还需要指出的是，性爱不仅仅是人的生理需要，而是更多地演变成了人的一种心理需要。当两个人的爱情发展到性爱阶段时，除了其生理需要得到满足，人的心理需要，如被信任、被尊重、被理解、被承认、被接纳、被肯定、被欣赏等，均得到巨大和充分的满足，是灵与肉的完美结合，因而是纯洁的，也是神圣的；是快乐的，也是幸福的；是激动人心的，也是梦寐以求的；是人性的，也是天经地义的！

抛开其他任何冠冕堂皇的理由，性爱是爱情中最核心、最本质、最重要的内容。在这方面，西方人表现得十分坦白、直率，而东方人则显得相对保守和含蓄，比如明明是因为"性生活不满意"，表达出来却是"感情不太好"。中国现在离婚率上升，其中有多少是由于"性生活不满意"，我手头尚无权威资料，倒是心理学家本兹曾调查过 335 位澳洲离婚者，在谈到离婚的原因时，45% 的人认为是由于"性生活不协调"。性爱在爱情与婚姻中的重要性，由此可见一斑。

另外，在对待性爱的态度上，男女之间又有很大差别，常常是"女人为爱而付出性，男人为性而付出爱"。俗话说，情欲情欲，女人往往是先有"情"后有"欲"，而男人大多是先有"欲"再有"情"。

这在男女交往中一开始就表现出来了：男人爱上女人，仅仅觉得她"可爱""可心"就可以了，更多地，受其动物本能冲动的影响，看重的是对方漂亮、身材好；而女人爱上男人，则或多或少要有一些"欣赏"和"崇拜"，是否"有才华"是第一位的，至于长得如何，身材又如何，则是第二位的。

所以，我常常开玩笑说：女人比男人进化得好，男人看重的多是性，而女人看重的则是爱，她们更注重满足自己的情感需要，比如动听的情话、被对方赞美、欣赏、抚摸、拥抱、亲吻等，性欲对她们来说并不是不重要，只是不像男人那么"直奔主题"，女人享受的是过程本身。

还有一种情形就是，一个男人在没有得到一个女人之前，往往是绅士、谦卑而彬彬有礼的，一旦发展到了性爱阶段，这个女人就被他"超越"了，变得不再神秘，也不再有魅力了，因此，男人也就"从奴隶变成将军"了。

所以，聪明的女性总是吊着男人的胃口，始终不突破这最后的防线，和男人玩"太极"，不即不离，占尽便宜又总不"失身"，因为对男人来说，只要不达到性爱的满足，这个女人永远是"有魅力"的。

不过这种玩法也存在一定的风险，老是吊着人家的胃口，又让人家"吃不着"，久而久之，可能对方就会放弃，不和她玩儿了。

除此之外，性爱还有以下三个特点：

① 性爱往往来得快去得也快，遵循着"希望—满足—失望—再希望—再满足—再失望……"的规律。性爱的物质基础是体内的性激素，随着体内性激素的积累，加上性爱本身又有消除孤独、释放压力、缓解焦虑等满足一系列心理需要的作用，所以情感一旦爆发，便如排山倒海，来势汹涌，而一番"云欢雨爱"之后，一切又回归平静，甚至产生无聊和厌倦；过一段时间之后，随着体内性激素的分泌，势必再次渴望性爱。如此循环，就像酒精依赖者、吸毒者一样，总是遵循着"希望—满足—失望—再希望—再满足—再失望……"这一规律。

于是，悲观者说："为什么受伤的总是我？""男人怎么这么没准儿？"而乐观者说："真正的爱不仅仅只有一次""有多少爱可以重来？！"

② 性爱就其动物性的本质而言是喜新厌旧的。很多人都会产生这个问题，那就是：在这个世界上，究竟有没有真爱？我个人的回答：绝对有！但就性爱的动物性本质而言，它又的确是喜新厌旧的。

这恐怕是一个相当令人失望，甚至令人绝望的结论，尤其对大多数女性同胞而言，但这又是事实，是动物的本性使然，男人只不过在这方面表现得更加突出一点而已（事实上，随着女权主义的兴起，女性喜新厌旧者也越来越多，也有的是出于"报复"，更多的则出自"本能"）。

我们来看一个心理学实验：

把两只成熟的老鼠（一公一母）关在同一个笼子里，在保证充足饮食的情况下，两只老鼠在初期表现出高频率的交配行为。但在其蜜月期过去以后，交配频率便渐渐降低，彼此之间慢慢地失去了吸引力。而在这时，假如更换另一只雌鼠，雄性老鼠的性欲便再次燃起，交配频率又急剧回升。

另有一项实验：

将一群完全陌生的短尾猴关在一起，也是在保证饮食充足的条件下，记录它们之间的交配次数。结果发现：刚开始时的交配频率为后期的 15 倍。

这种现象被称为"哥伦布效应"，因为哥伦布发现了新大陆。

如同我们老是听一首曲子，或是吃一种最爱吃的食物，日久生厌是人之常情。唯一的办法，只有"接受"这一事实。

③ 性爱具有排他性与独占性。独占肯定意味着排他，这也是情敌争风吃醋的原因。我们允许我们的爱人博爱，允许他有异性同学、同事，甚至允许他有异性朋友，但在性爱这一"原则问题"上，则是绝对自私排他的，这是由性爱本身的独占性这一属性所决定的。

问题在于，性爱的这种排他性原则，在实际生活中，却往往难以被严格地遵循，"没原则的事"时常发生，只不过做得不那么理直气壮，而是"偷偷摸摸""鬼鬼祟祟"。

关于性爱的排他性，还有一种现象值得我们注意，那就是："严于律己，宽以待人"，是理想；"严于律人，宽以待己"，则往往是现实。

国外社会学家通过问卷调查发现，绝大多数的人都采用双重的性标准，即容许自己拥有丰富的性经验和性满足，却不能接受自己的伴侣像自己一样。于是，社会学家称这种观念为"自私的性标准"。

这种"自私的性标准"隐藏在很多人的灵魂深处，可能"只可意会，不可言传"吧，但又的确是人性使然。

爱的哲学意义——爱生爱

生活中，我们不难发现这样的现象：

一个"幸福"的女人，不仅妩媚动人，光彩夺目，皮肤也光滑细腻，整个人都显得年轻，而且待人热情，和蔼而友善。这一切，都源自她背后"爱"的力量，不论这种爱来源于她的家庭，还是来源于她的工作，有一点可以肯定：她的"生理需要"和"心理需要"均得到了较高程度的满足，她是"满意的"，或者起码，她"自我感觉良好"，因为她有"爱的滋润"。

反之，一个待人尖刻、冷漠、是非较多，或总是不停地抱怨、指责的女人，非但面目可憎，人人都敬而远之，她的生理年龄也看起来比其实际年纪要大，皮肤也没有光泽，由此我们可以判定：她的背后没有"爱"，或是缺乏"爱的滋润"。

我之所以以此为例，是因为这种现象十分普遍，且便于理解。

由此我们可以得出一个结论，那就是：爱生爱。一个得到爱的人，会自然而然地，把爱带给他周围的人。

这是由爱的特性决定的。上面我们已经讨论过，爱不是天生的，而是后天习得的一种态度和行为。假设我们把一个人形容为一个容器，当他得到很多的"爱"，以至容器再也盛不下时，"爱"就会自然溢出，在与他人分享的同时，他也把"爱"传递，或者说是"传染"给了别人。

这种现象其实在我们的生活中比比皆是：

一个小孩，当他得到的爱比较充裕时，他就会关爱其他的小朋友，显得友善、大方、礼貌又很好相处；反之，则显得自私、冷漠、怪异和不好相处。

一个男人，当他得到生理和心理的满足时，他就会加倍关爱他的太太、孩子、父母，甚至同事和朋友；反之，则会变得烦躁、易怒、无情和冷酷。

同样，一个充满爱的单位或团队，人人都会洋溢着快乐与满足，彼此信任、理解和关爱，同时又呈现着珍惜与包容，沟通渠道十分通畅，工作效率也高，极富活力和朝气，因此，这个单位或团队生命力也极强，发展壮大也极快；反之，成员间则会相互猜疑、妒忌，相互指责与抱怨。

爱，可以生出爱；爱，可以传递爱，所以我们说，爱是有"传染性"的，这似乎有了哲学意义。

为什么会出现这种情况呢？我们又如何解释"爱生爱"这一现象呢？

对某一问题进行科学地探讨和分析，主要分"决定论"和"解释论"两种理论框架。

"决定论"的理论框架一般指因果关系，即"因为……所以……"。比如我们探讨营养不良，便可以做如下推论："因为（身体）缺乏碳水化合物、蛋白质、脂肪、各种维生素或微量元素，所以会导致（身体）营养不良"。

而"解释论"的理论框架则倾向于阐述、说明和理解，比如："为什么人会焦虑，是'动机受挫'，或他的基本需要（生理的和心理的）得不到满足的缘故。"

心理学强调人的主观能动性，尤其是"人是可以改变的"，所以，任何心理治疗的理论都建立在此基础之上，否则无论是心理治疗师还是咨询者本人的努力都是徒劳的。也由此，心理学从根本上是排斥和反对"决定论"的。以下我对"爱生爱"这一现象的分析，都是基于"解释论"这一理论框架的。

首先，就一个人的诞生而言，本身就是"爱"的产物。

两个人从相识、相恋到相爱，相爱的结果是产生了他们共同的爱——孩子（我们通常称之为爱的结晶），亦即我们每个人的生命本身，都是爱的产物。

刚生下来的婴儿是纯真的，他还没有爱的能力，经由母亲的爱与呵护："你是一个好宝宝。"渐渐地，他明白了："我是一个好宝贝。"再到他对母亲说："你是一个好妈妈。"即"外界肯定"转化为"自我肯定"，再转化为"肯定他人"。

其他"爱的能力"的培养，也大致是这样一个过程：

① 经由父母对他的"关心"，他也学会了"关心"他人；

② 经由父母对他的"尊重"，他也学会了"尊重"他人；

③ 经由父母对他的"信任"，他也学会了"信任"他人；

④ 经由父母对他的"理解"，他也学会了"理解"他人；

⑤ 经由父母对他的"包容"，他也学会了"包容"他人；

⑥ 经由父母对他的"付出"与"奉献"，他也学会了"付出"与"奉献"；

······

而一旦建立起对人、对事、对己的一种"你好，我也好"的建设性态度，他的"爱的能力"也就培养起来了。这就是"爱生爱"的由来。

由此可见，一个在充满爱的家庭里长大的孩子是阳光的、快乐的、喜悦的和幸福的。因为被爱，他学会了爱；有了爱的能力，他就会自然而然地、由衷地爱他周围的人，甚至对陌生人也充满信任和尊重，充满由衷的微笑和释放善意的行为。

有一个让人疑惑的问题，那就是"溺爱"。

有人说，你如此强调父母对孩子无条件的爱，那不是"溺爱"吗？事实上，现实生活中，有的父母的确把孩子"惯"得不像样了，尤其是很多"独生子女"，主要表现在：第一，独立生活能力差（有的孩子都上大学了，还不会洗衣服）。第二，社会化程度低（自我中心，过分自负，自以为是，或过分害羞，这种孩子往往在人际交往中不受欢迎，存在人际障碍）。

造成以上情况的原因主要在于父母的"过度保护"，而"过度保护"又具体表现在两个方面：一是包办代替；二是过分控制（限制自由）。而无论是包办代替还是过分控制，究其原因，还是对孩子"过分关注""过分牵挂""过分珍惜"，同时又对孩子"不理解""不尊重""不包容""不信任"的结果。

所以，从根本上说，"溺爱"并不是"爱"，充其量只是一种有缺失的爱，或是一种病态的爱。

我们说，爱生爱，而"溺爱"则易走向反面，被"溺爱"的孩子往往对他人"不关注""不关心""不牵挂"，也不懂得"珍惜"，更不懂得"付出与奉献"，而是对他人"缺乏尊重"，"缺乏信任和理解"，"缺乏包容"，这就难怪其独立生活能力差和人际关系不好了。

爱生爱，其哲学意义和现实意义还在于：爱，也只有爱，才会让我们这个世界变得更加和谐与更加美好。

爱的缺失——"疾病""仇恨"与"冷漠"

在现代心理学史上，有两个人的名字无法回避，也无法低估，那就是奥地利籍犹太人弗洛伊德和美国著名心理学家马斯洛。弗洛伊德开创了临床心理治疗之先河，提出了"潜意识"理论和"本我、自我、超我"的人格理论，其精神分析学说的"自由联想"和"梦的分析"更是奠定了他在临床心理学的"鼻祖"地位。而马斯洛则从分析"成功者"和"人群中的佼佼者"入手，提出了人的五个层次需要理论，用积极和乐观的态度探索人的价值与潜能，从而成为人本主义心理学的创始人和杰出代表。

他们两人，一个从"病人"入手，一个从"精英"入手，在各自领域为当代心理学的发展均作出了突出贡献，以至当今任何一本关于心理学的著作，都不得不提到他们的名字。

有一点是共同的，那就是，他们都认为，如果一个人在生活中（尤其是幼年和童年时期）出现爱的缺失，就会因"生理需要"或"心理需要"得不到满足而罹患这样或那样的心理与精神疾病。这一点也被大量的临床实践所证实，同时得到了绝大多数临床心理学家和精神病学家的认同，在此，我就不再赘述了。

如果说"爱"可以生"爱"的话，那么，爱的缺失，除了出现病态之外，也可以产生"恨"，甚至"恨"也可以生"恨"。

如果说"爱"是一个"好孩子"的话，那么无疑，"恨"就是一个"坏孩子"了。

如果说"爱"是一种"心理营养"的话，那么，"恨"就是一种"心理毒素"，因为，"不尊重""不信任""不包容"，甚至"不公平、不公正的待遇"和"惩罚"所造成的"恨"同样具有可怕的"传染性"。

在前面，我们讨论过一个人对待他人和对待外部世界的四种态度：第一种：我好，你也好；第二种：我好，你不好；第三种：我不好，你好；第四种：我不好，你也不好。

无疑，"爱"这个"好孩子"，持的是第一种态度，即"我好，你也好"。经由"爱生爱"，"好孩子"具备爱与被爱的能力，在自我成长的同时，也会"关心"与"奉献"他人，因而是利己利他的，是建设性的。

而"恨"这个"坏孩子"，常常持除第一种态度外的任何一种态度，即：

① "我好，你不好"：比如极端民族主义和恐怖主义分子。当年希特勒"日耳曼民族优越论"正是这一态度的典型表现，结果给整个世界造成了不可估量的灾难。

② "我不好，你好"：比如极度自卑因而极度自闭和怪癖的个体。他们极易出现嫉妒和仇恨，甚至因一点小事儿而产生冲动与攻击行为。近年来，社会上这种事件时有发生，出人意料的是，肇事者多是平素自卑内向之人，结果"一鸣惊人"，令人防不胜防。

③ "我不好，你也不好"：这是反社会人格的典型表现。这种人怀着对自己的不满和对社会的仇恨，损人不利己、冷酷无情、违法乱纪，公然挑战社会正常秩序和道德与法律，当事人往往自暴自弃，"破罐子破摔"，甚至不惜与他人和外部世界"同归于尽"，是社会稳定与和谐的巨大威胁。

概括起来，"恨"具有以下特征：

① "恨"是一个"坏孩子"，它常常是"麻烦制造者"。

② "恨"常常抱着不满和仇视的心态，往往伴有愤怒冲动和攻击性，因而具有强大的破坏性。

③ "恨"同样不是"先天的"，而是"后天"形成的。

④ "恨"同样可以生"恨"，"旧恨"导致"新恨"，并导致"恨"的升级，形成恶性循环。

⑤ "恨"是一种既不利己也不利他的心理与行为。

⑥ "恨"常常是孤独的，它藏在阴暗的角落里，是见不得阳光的。

⑦ "恨"是一颗定时炸弹，给人一种不确定感和不安全感，随时可能"爆炸"，给社会构成巨大威胁。

造成"恨"的原因可以是因为"偏执"和盲目自信，可以是因为狭隘和嫉妒，也可以是因为对自己的否定和对他人以及外部世界极端的否定，这些都属于"外归因"，即把原因归于外界。"恨"不利于自身成长，其结果常常是退缩、自暴自弃或是逆反。

中国有个词叫"爱恨情仇"，说的是：因得不到"爱"，于是就变成了"恨"。可见，造成"恨"的根本原因还在于"爱的缺失"。

归纳起来，造成"恨"有以下几种原因：第一，"恨"是通过正常途径得不到爱的产物，也是寻求爱、寻求"关注"的一种呼声；第二，"恨"是"不被关心""不被理解""不被信任"的产物；第三，"恨"是"不被尊重"、正常"需要"得不到满足的产物；第四，"恨"是屡屡受挫，常常遭受不公平、不公正待遇，甚至惩罚和否定过度的产物；第五，"恨"是"不被包容"，因而感到无助、无奈的一种反抗和报复；第六，"恨"是孤独、没有"归属感"的产物。

由此可见，"恨"是"爱的缺失"的产物，只不过，同样是"爱的缺失"而导致的"疾病"，只对个体或是个体的家庭造成苦恼和伤害，而"恨"由于极具攻击性和破坏性，其对他人乃至整个世界可能造成的威胁是无法估量的。

最后，我们要讨论的是：爱的缺失，除了会造成"疾病"与"仇恨"外，还可以造就"冷漠"。

毕竟，我们每个人都不可能得到十全十美的爱，或者说，对每个人而言，都存在着这样或那样"爱的缺失"，而由于"爱的缺失"，"患病"与"仇恨"这二者又只是极端的表现形式，是极少数人。

"冷漠"，介于"好孩子"和"坏孩子"之间，是一个"平庸的孩子"，是"孩子"中的大多数。

"冷漠"既不具有建设性，也不具有破坏性，而只是"一般般"和"随大流"。

"冷漠"是对自己或是对外部世界的失望，毕竟"不完美"是生活的常态，每个人"现实的我"和"理想的我"总存在着一定差距。

"冷漠"可以是"我好，你不好"，从而产生牢骚、指责和抱怨，但发泄完毕，该怎么活，还得怎么活下去，"穷则独善其身"，"各人自扫门前雪，休管他人瓦上霜"。

"冷漠"可以是"我不好，你好"，"冷漠"的人自卑、自闭，因自惭形秽而不求上进，既然做不了"领导者"，那就安于现状，做一个"被领导者"，"事不关己，高高挂起"，"不求有功，但求无过"。

"冷漠"也可以是"我不好，你也不好"，从而自暴自弃，得过且过，看破红尘，玩世不恭，游戏人生，麻木不仁，甚至冷酷无情。

"冷漠"的特点是"妥协"，与自己"妥协"，也与外部世界"妥协"。而"妥协"的背后，是"理解"，是"包容"，多少还有一些无奈。

"冷漠"还可以是"明哲保身"和"自我保护"的一种处世策略和态度——既然改变不了环境，那就只好改变自己，以求适应环境。

现实生活中的一些人，正是处在这样一种状态，这不能不说是我们当今人类社会的一种悲哀！

对"冷漠"的探讨和研究，其重要价值和意义还在于："冷漠"走向极端，即"极端的冷漠"，可以转变成"恨"，变成"坏孩子"；而"阳光"可以温暖、感化和感动"冷漠"，"缺失的爱"得以补偿，从而又可以使"冷漠"变成"好孩子"。

　　这就是为什么我说，作为心理学者，我们不应该只关注"病态"，只关注"个体"，而忽视"常态"和"群体"。作为医生，我们有责任、有义务在给"个体"看病的同时，发掘人性，分析人性，增强和加深对人性的理解，从而站在更高的境界服务社会、回报社会，为全人类的幸福与和谐尽自己的微薄之力，这同样也是因为："爱生爱，恨生恨！"

— The end —